I0148311

8° R 13748

NOTICE

SUR

L'INSTITUTION NATIONALE

DES

SOURDS-MUETS DE PARIS

DEPUIS SON ORIGINE JUSQU'A NOS JOURS

(1760-1896)

ACCOMPAGNÉE DE DOCUMENTS CONCERNANT

L'enseignement scolaire, l'enseignement professionnel
Conditions d'admission des élèves, etc.

ET SUIVIE DU

CATALOGUE

DU

MUSÉE UNIVERSEL DES SOURDS-MUETS

PARIS

TYPOGRAPHIE DE L'INSTITUTION NATIONALE

DIRIGÉE PAR MM. PLON-NOURRIT ET Cie

1896

NOTICE

SUR

L'INSTITUTION NATIONALE

DES

SOURDS-MUETS DE PARIS

NOTICE

SUR

L'INSTITUTION NATIONALE

DES

SOURDS-MUETS DE PARIS

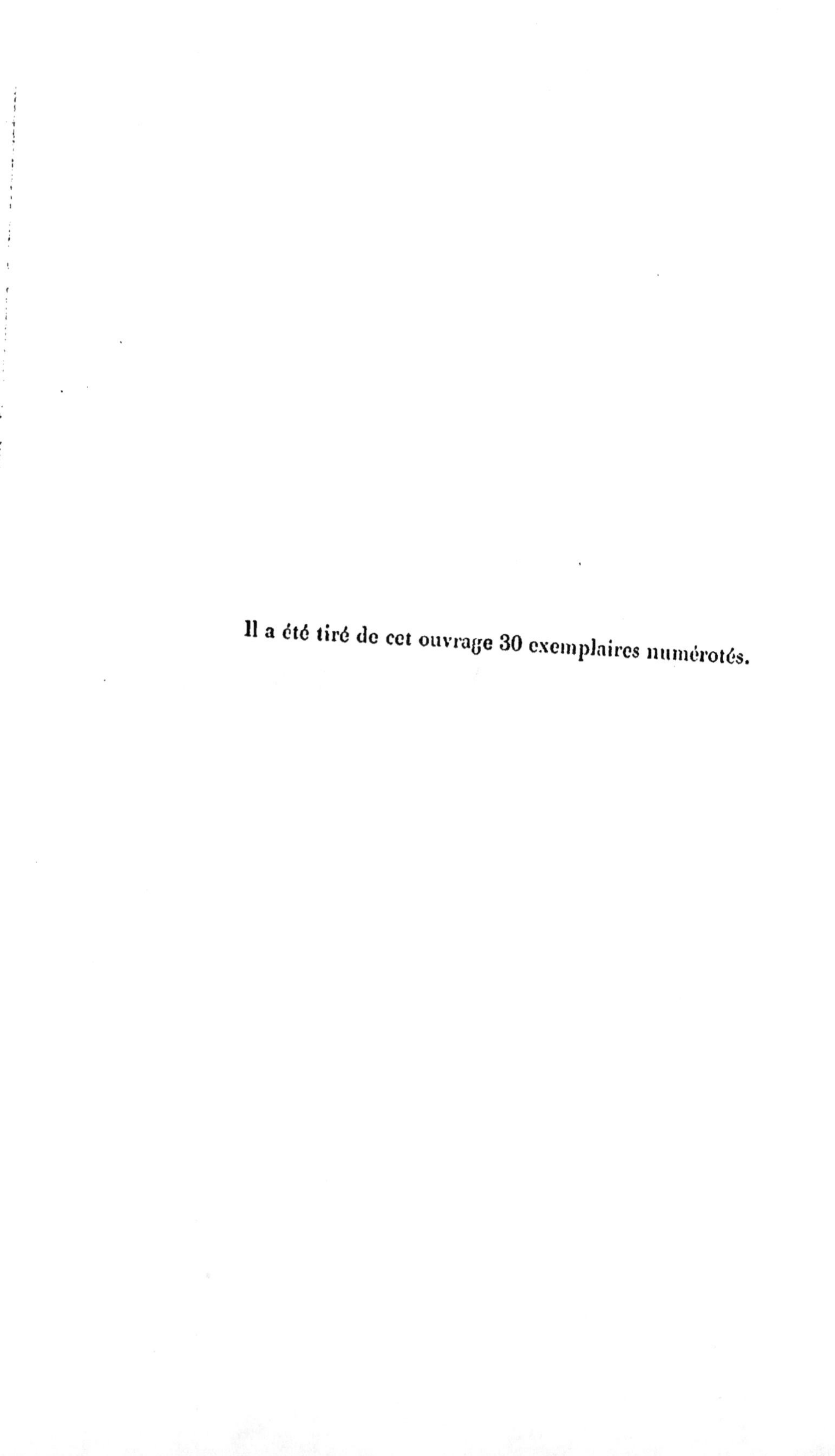

Il a été tiré de cet ouvrage 30 exemplaires numérotés.

Ch. Michel de L'Epée
Instituteur des Sourds et Muets
né à Versailles le 25 Novembre 1712

NOTICE

SUR

L'INSTITUTION NATIONALE

DES

SOURDS-MUETS DE PARIS

DEPUIS SON ORIGINE JUSQU'A NOS JOURS

(1760-1896)

ACCOMPAGNÉE DE DOCUMENTS CONCERNANT

L'enseignement scolaire, l'enseignement professionnel
Conditions d'admission des élèves, etc.

ET SUIVIE DU

CATALOGUE

DÉPÔT LÉGAL
Seine
N° 2801
189

DU

MUSÉE UNIVERSEL DES SOURDS-MUETS

PARIS
TYPOGRAPHIE DE L'INSTITUTION NATIONALE
DIRIGÉE PAR MM. PLON-NOURRIT ET Cie

1896

NOTICE

SUR

L'INSTITUTION NATIONALE

DES

SOURDS-MUETS DE PARIS

COMMISSION CONSULTATIVE

MM. Marguerie (✡, I ✡), Conseiller d'État, *Président.*
Mayré, Avocat à la Cour d'appel, *Secrétaire.*

Membres.

MM. Colmet Daage, ancien magistrat.
Gaufrès ✡, ancien membre du Conseil municipal de Paris et ancien membre du Conseil général de la Seine.
Albert Martin, membre du Conseil de l'Ordre des avocats.
Eugène Pereire (C ✡), Président de la Compagnie générale Transatlantique.
A. Rihouet (✡, ✡), conseiller à la Cour des comptes.
Adolphe Carnot (O ✡), Inspecteur général des Mines.

ADMINISTRATION

MM. A. DEBAX (✡, I ✿), directeur.
DUBRANLE (I ✿), censeur des études.
ASTIER, receveur.
THOMAS (✿), économe.
J.-B. VIVIEN, secrétaire de la direction.
BERTHOMIER, commis aux écritures.
QUENTIN, commis aux écritures.

Service de santé. — M. le Dr L. DE LACHARRIÈRE (O ✡), médecin; M. le Dr MÉNIÈRE (O ✡), médecin adjoint; M. le Dr TSCHERNING, médecin oculiste; M. le Dr JARRE, médecin dentiste.

Service du culte. — M. l'abbé GOISLOT, aumônier.

Bâtiments. — MM. CAMUT (✡, I ✿), architecte.
GAUTIEZ, inspecteur.

Bibliothèque. — M. BÉLANGER (✿), bibliothécaire.

Musée universel des sourds-muets. — M. Th. DENIS (✡), conservateur.

ENSEIGNEMENT NORMAL

COURS NORMAUX A L'USAGE DES MAITRES RÉPÉTITEURS

Cours normal de méthode intuitive et Cours normal d'articulation, M. Dubranle (I ✿).

ENSEIGNEMENT SCOLAIRE

Professeurs	MM. Bélanger (✿). Bocquin (✿). Raymond (✿). Dupont (✿). André (✿). Marichelle. Poinsot. Rancurel. Dufo de Germane. Marican. Laurent. Arnaud. Voisin Bertoux.
Professeur de dessin.	Burgers (✿).

Professeurs agrégés	MM. Pautré. Danjou. Legrand. Boyer. Thollon. Giboulet. Dalbiat. Dejean.
Professeurs adjoints	MM. Liot. Rolland. Binon. Pouillot. Vathaire. Drouot. Duvignau (René). Robbe. Cornevin.
Répétiteurs	MM. Payeur. Dedron. Lesieux (Georges). Vivien (Joseph). Momon. Marion. Duvignau (Paul).
Surveillants généraux	MM. Jacquenod. Lesieux (Émile).

ENSEIGNEMENT PROFESSIONNEL

ET

EXERCICES MANUELS

Chef de l'atelier de Lithographie,	MM. Champenois (✡).
— *de Typographie,*	Plon-Nourrit et Cie.
— *de Cordonnerie,*	Grell.
— *de Couture,*	Harissard.
Professeur d'Horticulture,	Levéziel.
— *de Sculpture sur bois,*	Drovin.
— *de Menuiserie,*	Francelet.
Professeur adjoint de Menuiserie,	Duguey.

GYMNASTIQUE

Professeurs : MM. Jacquenod.
Lesieux (Émile).

SERVICES ANNEXES

CLINIQUE OTOLOGIQUE.

Médecin en chef, M. le Dr Ladreit de Lacharrière (O ✡).
Chef de clinique, M. Siou.

RÉSUMÉ HISTORIQUE

ORIGINE — BATIMENTS

I

LA MAISON DE L'ABBÉ DE L'ÉPÉE.

L'abbé de l'Épée est le premier dans le monde entier qui ait ouvert une école *gratuite* pour l'instruction des sourds-muets.

Il l'établit en 1760 dans sa propre maison.

Cette maison, qui a disparu en 1876 pour cause de nivellement, lors du percement de l'avenue de l'Opéra, était située rue des Moulins, butte Saint-Roch, et portait le n° 14. Son frère y demeurait avec lui. Ils la tenaient de leur père, qui l'avait longtemps habitée et qui probablement l'avait bâtie. L'*Almanach royal* de 1744 nous la désigne comme la demeure de M. de l'Épée, membre de l'Académie royale d'architecture depuis 1728.

Comment vint à l'abbé de l'Épée la vocation d'instituteur de sourds-muets?

C'est lui-même qui va nous l'apprendre. Nous nous

garderons bien d'enlever son charme naïf, en y ajoutant les détails imaginaires dont on l'a tant de fois défiguré, à un récit dont la simplicité va si bien au véritable caractère de l'illustre philanthrope.

« Pour moi, dit-il, voici de quelle manière je suis devenu instituteur de sourds et muets, ne sachant point alors qu'il y en eût jamais eu d'autres avant moi.

« Le Père Vanin, très respectable prêtre de la Doctrine chrétienne, avait commencé par le moyen des estampes, ressource en elle-même très faible et très incertaine, l'instruction de deux sœurs jumelles, sourdes et muettes de naissance. Ce charitable ministre étant mort, ces deux pauvres filles se trouvèrent sans aucun secours, personne n'ayant voulu pendant un temps assez long entreprendre de continuer ou de recommencer cet ouvrage. Croyant donc que ces deux enfants vivraient et mourraient dans l'ignorance de leur religion, si je n'essayais pas quelque moyen de la leur apprendre, je fus touché de compassion pour elles, et je dis qu'on pouvait me les amener, que j'y ferais tout mon possible. »

On lui amena aussitôt ses deux premières élèves.

Tel fut l'obscur début d'une école dont l'éclat devait bientôt rayonner sur tous les points du globe, et qui est regardée à juste titre comme le berceau de l'Institution nationale de Paris.

La maison de l'abbé de l'Épée qui n'avait pas, comme le fait remarquer Édouard Fournier, le grand air de l'hôtel Gluck d'Epreville, qui lui faisait face, devait avoir néanmoins une certaine importance. Elle avait quatre étages et comprenait deux corps de logis séparés par une cour. Une partie du bâtiment du fond était affectée à une chapelle que le maître avait fait établir pour ses élèves et à laquelle on accédait par un perron à double rampe.

M. le baron Davilliers, le dernier propriétaire de cet immeuble, s'est vu accorder par le jury d'expropriation la somme de 210,000 francs.

C'est dans cette demeure que l'abbé de l'Épée rassemblait pour les instruire tous les sourds-muets qui s'y présentaient. Les enfants des familles indigentes étaient entretenus à ses frais dans des pensions voisines, dirigées par le sieur Chevrot pour les garçons, et par les dames Cornu, Trumeau et Lefébure pour les filles. Il nous apprend qu'il avait une trentaine d'élèves en 1771, « plus de soixante » en 1784 et soixante-douze en 1785. Il donnait ses leçons le mardi et le vendredi, de sept heures du matin à midi. Mais là ne se bornait pas le travail de son enseignement. D'autres jours étaient consacrés à une étude plus étendue des matières religieuses, ainsi qu'à la préparation des exercices publics. Il nous fait remarquer que « ces leçons ne se faisaient pas les mêmes jours que les autres et par conséquent ne désorganisaient pas l'opération générale ».

Il fallait qu'il disposât d'une pièce assez vaste pour recevoir la foule des spectateurs qu'attiraient les exercices publics. Ces solennités avaient lieu très probablement dans la chapelle et se répétaient deux fois dans la même journée. Une première séance était donnée de trois heures à cinq heures; le public était immédiatement renouvelé, et la seconde séance durait jusqu'à sept heures.

L'abbé de l'Épée nous renseigne en plusieurs endroits de ses ouvrages sur le nombre des personnes présentes à ces séances. Bornons-nous à mentionner l'exercice de 1774, annoncé comme devant être le dernier et ayant par cela même un attrait exceptionnel. Le programme promettait d'ailleurs des épreuves du plus haut intérêt : « Les élèves répondront en français, en italien, en espagnol, en latin, en allemand, en anglais... » Ce jour-là la maison de la rue des Moulins reçut « plus de huit cents personnes », c'est-à-dire au moins quatre cents par séance.

Aussi devons-nous croire le bon abbé, quand il constate que c'est « par milliers » qu'il a vu accourir les gens de tout état (princes du sang, seigneurs de la cour, ambassadeurs, académiciens, etc.) à ses exercices et à ses leçons. « Je ne connais, dit-il, aucune partie de l'Europe, à l'exception de la Turquie, dont il ne soit venu des étrangers. »

On n'ignore pas dans quel but le grand philanthrope ouvrait si largement les portes de sa maison et offrait à tant de monde le spectacle de son enseignement. Il faisait œuvre de propagande.

« Nous aurions cru manquer, dit-il, à un devoir indispensable, si nous eussions retenu dans le secret une œuvre dont la génération présente et la future pouvaient retirer de grands avantages... Je me suis donc imaginé qu'en faisant faire à mes élèves un exercice public en quatre langues..., il en résulterait que les sourds et muets sont susceptibles d'instruction comme les autres enfants. En conséquence, je me suis flatté qu'il se trouverait peut-être quelque puissance qui voudrait en former une maison dans ses États. Dès lors il y aurait quelqu'un après moi qui continuerait cette œuvre... Voilà les raisons de ma conduite, mes désirs et mes espérances. »

Ces espérances ne furent pas trompées. Trois ans après avoir écrit ces lignes, l'abbé de l'Épée voyait entrer chez lui l'empereur Joseph II qui, à la suite de cette visite, le chargeait de lui préparer un maître capable de diriger une école qu'il voulait fonder, dans sa capitale, sur le modèle de celle de Paris.

Et bientôt les disciples se multiplièrent. On a retenu les noms de quelques-uns d'entre eux. Nous citerons, après l'abbé Stork et le docteur May, de Vienne, l'abbé Silvestri, de Rome; Ulrich, de Genève; Guyot et Delo, de Groningue et d'Amsterdam; Dangulo et d'Aléa, de Madrid; Gosse, de Tournay; Hemeling, de Carlsruhe; Michel, de la Tarentaise; Muller, de Mayence; Pfingsten, de Copenhague, etc. Le généreux maître recevait également des disciples de tous les points de la France; rappelons : Salvan, de Riom; Huby, de Rouen; Delinière et Dumourier, du Mans; Mlle Blouïn, d'Angers; Dubourg, de Toulouse; Ferrand, de Chartres; Pernet de Foncine, d'Épinal; Augustin et Masse, de Paris; enfin Sicard, le plus célèbre de tous. Il nous semble de toute justice de compter, en outre, au nombre de ces disciples, ainsi que l'a fait M. Etcheverry, le vertueux Saint-Sernin, *véritable* fondateur de l'école de Bordeaux, à qui Sicard transmettait de Paris, par correspondance, les leçons de l'abbé de l'Épée, et qui, par son abnégation, ses sacrifices et ses talents, est peut-être celui qui se rapprocha le plus de l'illustre maître.

De tout ce qui précède, il n'est pas exagéré de conclure que les origines des établissements de sourds-muets du monde entier se rattachent à cette maison de la rue des Moulins, dont on chercherait vainement la trace aujourd'hui, et qui fut jadis si puissamment animée par le génie et l'ardente charité d'un des grands bienfaiteurs de l'humanité.

L'abbé de l'Épée mourut le 23 décembre 1789.

Bien que deux arrêts du Conseil d'État du Roi (21 novembre 1778 et 25 mars 1785) eussent affecté une partie de l'ancien couvent des Célestins à l'établissement des sourds-muets, cette école était toujours restée dans la rue des Moulins et ne subsistait que grâce aux généreux sacrifices de son fondateur. Lui mort, les sourds-muets pauvres, privés du secours de leur seul protecteur, étaient nécessairement condamnés à rentrer dans leurs familles ou « réduits à mendier leur pain ». L'école était ainsi menacée de disparaître.

On croit généralement que l'abbé Sicard succéda immédiatement à son maître, et que le sort des sourds-muets ne fut jamais en péril. C'est une erreur.

Si l'école a été sauvée, c'est qu'elle avait acquis un renom assez retentissant pour que l'autorité communale s'intéressât à son existence. Pour éviter l'effondrement d'une œuvre aussi utile, la commune de Paris nomma *successeur provisoire* de l'abbé de l'Épée son disciple l'abbé Masse, qui depuis longtemps l'aidait dans ses fonctions d'instituteur. Cette nomination semblait réaliser un vœu de l'abbé de l'Épée lui-même. « De l'Épée, écrit Scagliotti, s'était formé avec un soin particulier un successeur dans la personne de M. Masse. L'abbé Masse, provisoirement nommé par la commune de Paris pour remplacer l'abbé de l'Épée, avait assisté pendant neuf ou dix ans aux leçons de cet instituteur. »

L'abbé Masse se mit courageusement à l'œuvre, et il réussit, en déployant le zèle le plus louable, à retenir la plus grande partie des élèves. Il n'avait pas seulement à les instruire, il fallait leur assurer le pain quotidien. Ses seules ressources provenaient des libéralités du public; il dut les solliciter avec une persévérance d'autant plus énergique qu'on se trouvait au cœur de l'hiver.

Pendant ce temps, l'abbé Sicard faisait paraître une brochure dans laquelle il posait sa candidature à la succession *définitive* de l'abbé de l'Épée et demandait qu'on ouvrît un concours.

Le concours eut lieu. Sicard s'y présenta seul. Il fut nommé instituteur en chef de l'école des sourds-muets, et l'abbé Salvan fut appelé aux fonctions de second instituteur.

L'installation de Sicard eut lieu le 1er avril 1790. C'est donc près de quatre mois après la mort de l'abbé de l'Épée que les sourds-muets passèrent des mains de l'abbé Masse dans celles de son heureux compétiteur.

II

LES SOURDS-MUETS A L'ANCIEN COUVENT DES CÉLESTINS (1790-1794).

Pendant les premiers mois qui suivirent sa nomination, l'abbé Sicard ne fut pas plus heureux que son prédécesseur; comme lui, il fut tourmenté par la douloureuse préoccupation d'assurer la vie matérielle à ses élèves. Comme surcroît de mauvaise fortune, Chevrot, qui tenait la pension des garçons, vint à perdre sa femme, et lui-même tomba malade. Ses pauvres pensionnaires furent plus abandonnés que jamais.

Dans sa détresse, Sicard, accompagné d'une partie de ses élèves, se présenta à l'Assemblée nationale et remit une pétition dans laquelle il implorait un appui devenu indispensable. C'était le 24 août 1790.

La pétition fut renvoyée à des comités dont les délibérations devaient encore prendre du temps.

C'est alors que Sicard résolut d'aller s'installer dans l'ancien couvent des Célestins. Bien que cette prise de possesion ne fût que l'exécution de l'arrêt de 1785, Sicard dut multiplier ses démarches pour atteindre ce but. Il y fut puissamment aidé par un membre du comité municipal d'instruction publique, Brousse-Desfaucherets, que nous retrouverons, en 1800, parmi les trois premiers administrateurs de l'Institution nationale.

C'est au mois de septembre 1790 que les sourds-muets entrèrent enfin dans l'ancien monastère. Sicard s'y établit sans doute dans les conditions fixées par l'arrêt précité, qui prescrivait à l'abbé de l'Épée et « à ses successeurs » de se placer « dans la partie des bâtiments conventuels qui a son entrée par la rue du Petit-Muse ».

Les sourdes-muettes ne furent réunies aux garçons que dans le mois de mars 1792.

L'abri était conquis. Mais l'année se passa sans qu'on reçût de nouvelles des travaux des comités.

Le 27 janvier 1791, Sicard présenta une nouvelle supplique à l'Assemblée nationale. Un membre du comité de mendicité fit observer qu'on s'occupait de l'établissement des sourds-muets.

En effet, c'est à cette époque que ce comité, « de concert avec la municipalité et par ses soins, a obtenu une somme de 2,400 livres sur les revenus séquestrés des biens des Célestins, *pour venir provisoirement au secours* de l'établissement ».

Peu de temps auparavant, Sicard, dont le budget n'était alimenté que par des aumônes et le prix de quelques pensions d'élèves, avait fait choix d'un sieur Masset pour remplir les fonctions d'économe.

Il y aurait à faire un long récit des tribulations de ce fonctionnaire, dont la vie se trouve étroitement liée à l'histoire des bâtiments des Célestins. Nous le résumerons rapidement.

Ces bâtiment étaient dans un tel état de délabrement, qu'ils en étaient inhabitables. Sicard savait que Masset avait quelques économies; il l'engagea à prendre à son compte personnel les dépenses que nécessitaient d'urgentes restaurations, l'assurant, bien entendu, que ses avances lui seraient remboursées dans des temps meilleurs, qui ne pouvaient manquer d'arriver bientôt.

Masset ne put résister aux prières de son chef, qu'il considérait, a-t-il dit depuis, « comme des ordres ». L'architecte Bouchu indiqua les réparations à exécuter, dressa un devis, et les maçons, les menuisiers, les couvreurs, etc., se mirent à l'œuvre. Masset acquitta les mémoires de ses propres deniers. — Il ne fut pas remboursé.

Comme il ne cessait de réclamer un peu haut, dans un temps où il fallait savoir se taire, on le jeta en prison. Aussi, quand il fut libre, il se garda bien de faire entendre de nouvelles plaintes. Il attendit jusqu'en 1815 pour renouveler ses réclamations. Il s'adressa à l'administration de l'Institution, au ministre, au Roi. De partout on lui répondit que ses titres et sa créance étaient légalement frappés de déchéance.

Enfin, Masset fit savoir qu'il se contenterait d'un secours. Sa supplique ne fut pas mieux accueillie, quoiqu'elle fût accompagnée de la recommandation suivante de Sicard :

« Les réponses négatives, écrivait-il le 13 avril 1819, que le gouvernement fit aux demandes multipliées de Masset lui ôtant tout espoir de jamais rien recouvrer de son déboursement, il s'est flatté qu'il ne sera pas refusé s'il demandait à l'autorité un secours qui lui fournirait les moyens d'exister au moins quelque temps. Comme j'ai une connaissance parfaite de ces avances, j'ai cru devoir servir d'organe à cet infortuné père de famille, créancier dont je puis garantir la bonne foi, pour une demande dont la justice me paraît démontrée. »

La mort seule délivra l'État de ce trop confiant créancier.

Reprenons maintenant, dans leur ordre chronologique,

les faits qui ont marqué le séjour des sourds-muets au couvent des Célestins.

Le 27 janvier 1791, le Directoire du département de Paris prend un arrêté qui affecte aux sourds-muets l'ancien monastère des Célestins. Nous ne pouvons voir dans cet acte que la régularisation d'un fait accompli depuis plus de huit mois.

Le 21 juillet 1791, date mémorable pour notre Institution, l'Assemblée nationale entend la lecture du rapport de Prieur, présenté au nom des comités de l'extinction de la mendicité, d'aliénations des biens nationaux, des finances et de constitution. Prieur fait d'abord l'éloge de l'enseignement intellectuel donné aux sourds-muets; puis, tout en traçant un séduisant programme d'enseignement professionnel, il nous fait connaître que déjà, dans l'Institution des Célestins, « il existe en pleine activité une imprimerie consacrée à l'impression du *Journal des savants*. Il y existe encore, ajoute-t-il, une manufacture de tapis de coton et autres étoffes fabriquées jusqu'alors dans les pays étrangers. »

Suit un projet de décret déterminant la composition du personnel de l'établissement des sourds-muets, fixant les traitements et créant vingt-quatre pensions gratuites à 350 francs l'une.

L'Assemblée nationale approuva ce projet, en y ajoutant cet article :

« Le nom de l'abbé de l'Épée, premier fondateur de cet établissement, sera placé au nombre de ceux des citoyens qui ont le mieux mérité de l'Humanité et de la Patrie. »

Cette loi, des 21-29 juillet 1891, a donc transformé en Institution nationale l'ancienne école de la rue des Moulins.

Le 28 septembre, les aveugles viennent occuper, auprès des sourds-muets, une partie des bâtiments des Célestins.

Le 26 août 1792, Sicard est enlevé à ses élèves et conduit, comme suspect, à la prison de la Mairie, d'où il fut transféré, six jours après, — 2 septembre, — à l'abbaye de Saint-Germain des Prés. Témoin terrifié et victime désignée des massacres qui s'y commettaient, il ne dut son salut qu'au dévouement d'un homme de sa section, l'horloger Monnot.

Le 4 septembre, à sept heures du soir, il fut rendu à ses élèves.

Le 13 février 1793, Sicard, qui ne pouvait souffrir le mélange des sourds-muets et des aveugles, demande la séparation des deux établissements.

Son désir se réalisa un an plus tard.

Le 13 février 1794, la Convention nationale autorisa les comités d'aliénation et de secours publics à placer les sourds-muets dans le ci-devant séminaire de Saint-Magloire; et le 5 mars suivant un arrêté de ces comités ordonnait le transfert de l'établissement dans ce nouveau local.

Les sourds-muets avaient occupé l'ancien monastère des Célestins pendant trois ans et demi.

III

LES SOURDS-MUETS A L'ANCIEN SÉMINAIRE DE SAINT-MAGLOIRE.

Le décret de la Convention nationale autorisant les sourds-muets à s'établir dans le ci-devant séminaire de Saint-Magloire, qu'ils occupent encore actuellement, c'est-à-dire depuis plus d'un siècle, ne tarda pas à recevoir son exécution.

L'installation eut lieu le 1er avril 1794.

Une loi du 16 nivôse an III (5 janvier 1795) ne fit que confirmer ce transfert; elle porte, article 13 et dernier : « Le local occupé ci-devant par le séminaire Magloire, *où se trouvent actuellement les sourds-muets*, est définitivement affecté à cette Institution. »

Rappelons succinctement les origines lointaines et les transformations de cette maison.

Ce fut d'abord un hôpital ou refuge établi, en 1286, par des religieux appartenant à l'Ordre de Saint-Jacques du Haut-Pas. Leur chapelle primitive ne fut bâtie qu'en 1350. Rebâtie et agrandie au commencement du seizième siècle, la dédicace en eut lieu en 1519.

Le 21 novembre 1554, un arrêt du Conseil d'État affecta cet hôpital aux soldats blessés au service du Roi. Les religieux de l'Ordre de Saint-Jacques du Haut-Pas étaient bien près de disparaître. On n'en comptait plus que deux en 1572. C'est alors que Catherine de Médicis plaça dans cet hôpital les moines de Saint-Magloire, dont elle avait donné le couvent de la rue Saint-Denis aux Filles pénitentes.

Les nouveaux moines réclamèrent bientôt l'indépendance pour leur chapelle, qui avait été érigée, en 1569, en église succursale des paroisses de Saint-Benoît, Saint-Médard et Saint-Hippolyte. On bâtit une autre église à quelques pas de là. Édifiée en 1584, elle fut remplacée en 1688 par l'église actuelle. La nouvelle église avait pris le nom de Saint-Jacques du Haut-Pas, et la chapelle des moines fut désignée sous celui de Saint-Magloire. La rue qui séparait les deux temples s'appela rue des Deux-Églises.

Elle fut débaptisée au mois de novembre 1847 et devint rue de l'Abbé de l'Épée.

En 1620, Henri de Gondi, cardinal de Retz, évêque de Paris, convertit l'abbaye de Saint-Magloire en un séminaire dont la direction fut donnée aux Pères de l'Oratoire.

Les Pères y demeurèrent jusqu'à l'époque où la maison devint propriété nationale; la remise à l'État en fut faite le 23 novembre 1792.

Qu'était cette propriété au moment où y entrèrent les sourds-muets?

Le chroniqueur Piganiol de la Force constate que « la maison était grande et en bon air, et que les Pères de l'Oratoire y avaient fait élever un beau bâtiment avec un grand escalier dont les premières rampes étaient d'un trait ingénieux ».

La première pierre de ce bâtiment avait été posée le 27 juillet 1643.

Ce bâtiment, profondément modifié, exhaussé, est resté le corps de logis central de l'Institution. L'escalier a conservé sa physionomie, ainsi que le réfectoire des moines, qui sert maintenant de cuisine.

Il y avait d'autres constructions en aile à gauche, restes du vieux cloître et en mauvais état. La chapelle s'étendait en aile à droite jusqu'à l'angle des rues des Deux-Églises et de Saint-Jacques.

A l'angle opposé, formé par les rues d'Enfer et des Deux-Églises, s'élevait une construction formant retour d'équerre, avec hangar et dépendances.

Enfin, il y avait les jardins, qui se trouvaient comme aujourd'hui en contre-bas de la terrasse adossée au bâtiment.

L'église et la maison de la rue d'Enfer ne furent pas

tout d'abord comprises parmi les bâtiments désignés pour être occupés par les sourds-muets.

C'est dans le courant de 1797, peu de temps avant le 18 fructidor, que le gouvernement céda la maison à Sicard, pour y loger les sourds-muets. Quant au reste, toute restriction disparaissait le jour où sortit, sous forme de règlement, l'arrêté du 18 vendémiaire an IX (10 octobre 1800), portant, article 7 :

« La *totalité* de la maison dite Saint-Magloire est spécialement affectée à l'établissement des sourds-muets. »

L'église, non utilisée pour l'établissement, fut louée, au prix de 600 francs, au contrôleur des jardins du Luxembourg, qui y abritait les orangers du palais pendant l'hiver. Dans la soirée du 25 juillet 1817, un violent incendie y éclata et acheva sa destruction. Le feu y avait été mis accidentellement par le savant Biot, à qui le bâtiment, vide en ce moment de ses arbustes, avait été prêté pour y faire des expériences de physique.

Lorsque l'abbé Sicard s'installa dans son nouveau local, le bâtiment central seul était en assez bon état de conservation. On le fit occuper par les élèves des deux sexes, jusqu'au moment où les inconvénients de ce rapprochement firent reconnaître la nécessité d'une séparation. C'est alors que Sicard demanda à l'État la cession de la maison de la rue d'Enfer. Il l'obtint, ainsi que nous l'avons vu; mais le 18 fructidor, qui vint le proscrire, l'obligea à fuir, et ce fut son successeur, M. Alhoy, qui opéra la nouvelle installation des filles.

L'administration occupa le bâtiment situé derrière la vieille église. La partie du rez-de-chaussée du corps de logis principal, correspondant à peu près aujourd'hui aux bureaux de la direction, au petit escalier et à une portion du réfectoire, fut convertie en salle des exercices. A l'étage, on disposa la chapelle, que le pape Pie VII bénit en 1805.

Ce fut un peu plus tard que M. de Beaumont, architecte, édifia la porte massive qui sert d'entrée à l'Institution dans la rue Saint-Jacques.

Ces premiers aménagements aboutirent à une installation qui dura jusqu'à la mort de l'abbé Sicard, en 1822.

En 1823, on démolit ce qui restait de la vieille église, et sur son emplacement on commença à élever le bâtiment à quatre étages qui forme l'aile droite. On y disposa, entre autres locaux, un atelier de menuiserie, une nouvelle salle des exercices, un vestibule avec escalier à double rampe conduisant à cette salle, des bureaux pour l'agence, etc.

Les travaux étaient terminés au commencement de l'année 1826.

A cette époque, on reconnut que les bâtiments de la rue d'Enfer étaient devenus inhabitables et insalubres, et il fut décidé que l'on construirait, dans des conditions spéciales, pour les sourdes-muettes, une aile gauche dans la grande cour. Pour assurer de ce côté l'isolement de l'établissement, on acheta, au mois de juin 1829, une maison appartenant à un sieur Davaine. Cette maison, qu'on loua jusqu'en 1858, fut démolie à cette dernière époque, et son emplacement ne fut utilisé que plus tard encore.

Ce ne fut que dans le courant de l'année 1831 que les filles purent être logées dans les nouveaux locaux de l'aile gauche.

C'est sur les plans et sous la direction de M. Peyre, architecte, que furent exécutés tous les travaux qui avaient été commencés en 1823.

A partir de 1832, M. Philippon, successeur de M. Peyre, fut chargé de la reconstruction du bâtiment de l'administration, qui tombait en ruine, et en même temps de l'exhaussement d'un quatrième étage du grand bâtiment de face, ainsi que de la restauration de l'ensemble de ce corps de logis, auquel il ajouta les deux galeries, l'une ouverte, qui s'étend au rez-de-chaussée ; l'autre fermée, qui longe tout le premier étage, et dont la plus grande partie est actuellement affectée au Musée universel des sourds-muets.

Les vieux bâtiments de la rue d'Enfer ne disparurent qu'en 1840, après invitation du préfet de police, qui les avait signalés comme un danger pour la sécurité publique. Sur une partie de leur emplacement s'élève un pavillon à l'usage du professeur d'horticulture.

En 1859, lorsque les filles furent transférées à Bordeaux, il y eut, surtout dans les deux ailes de la cour, de nombreux et importants remaniements.

En 1865, on commença à mettre à exécution un projet que depuis longtemps on avait arrêté en principe, celui de construire un bâtiment spécialement destiné aux ateliers et formant pendant à celui de l'administration. Deux étages furent d'abord construits, les deux autres ne furent élevés qu'en 1885.

A la suite de ces travaux, il y eut encore de notables changements dans les dispositions et les affectations des locaux de l'établissement.

D'ailleurs, nos lecteurs se perdraient dans les détails si nous essayions de les amener à suivre au jour le jour toutes les modifications et améliorations qu'on n'a cessé d'introduire et qu'à l'heure où nous écrivons ces lignes on introduit encore dans l'Institution nationale des sourds-muets de Paris.

L'emplacement occupé par l'Institution nationale, corps de logis, jardin, quinconces, sur le plateau de la montagne Sainte-Geneviève, a la forme d'un trapèze irrégulier, et présente une superficie de dix-neuf mille trois cent quarante-cinq mètres carrés environ. Il est borné au nord par la rue de l'Abbé de l'Épée, à l'est par la rue Saint-Jacques, au sud par des propriétés privées, à l'ouest par la rue Denfert-Rochereau et le boulevard Saint-Michel.

Les constructions sont groupées au nord-est de cet emplacement.

Quatre préaux ombragés de platanes et de tilleuls sont destinés aux récréations des élèves.

Un vaste jardin avec serres est confié aux soins des apprentis horticulteurs.

L'entrée principale est placée du côté de la rue Saint-Jacques. Elle donne accès sur la cour d'honneur, dans laquelle on remarque la statue en bronze de l'abbé de l'Épée, œuvre et don du statuaire sourd-muet Félix Martin, et un orme planté vers 1600, qui a six mètres de circonférence et qui mesure plus de quarante-cinq mètres de hauteur.

L'établissement, éclairé au gaz, chauffé par des calorifères, reçoit de l'eau de la Seine, de la Vanne et des sources d'Arcueil.

La valeur du terrain peut être estimée à 5 millions, et celle des constructions à 2 millions de francs.

IV

L'ANCIENNE SALLE DES EXERCICES.

Nous avons indiqué, dans le chapitre précédent, l'emplacement occupé par cette salle, qui eut son heure de célébrité. L'abbé Sicard y donnait, avec le concours de ses élèves, des séances qui attiraient le tout Paris de l'époque.

Il nous serait difficile de reconstituer exactement cette salle, dont nous n'avons trouvé aucune description suffisamment complète. Nous avons seulement sous les yeux deux lithographies qui en rappellent l'aspect général. Elles sont exposées dans le musée de l'Institution nationale. L'une nous montre le local un jour de séance ordinaire; l'autre nous le fait voir tel qu'il était décoré pour la séance solennelle qui eut lieu à l'occasion de la visite de Pie VII, en 1805.

Nous pouvons toutefois ajouter à ces deux documents illustrés la description, très succincte, il est vrai, que nous trouvons dans les *Souvenirs de Paris* d'Auguste de Kotzebue, publiés en 1804. Voici les détails qu'il a notés, après avoir assisté à une séance de l'abbé Sicard :

« L'assemblée, écrit-il, fut extrêmement nombreuse, et la grande salle pouvait à peine contenir les auditeurs. Le buste de l'abbé de l'Épée est le seul ornement de ce salon garni de bancs en amphithéâtre. Les élèves sourds et muets étaient assis sur les premiers. M. Sicard occupa une place dans une espèce de tribune; derrière lui était un grand tableau noir destiné aux expériences des élèves. Il parla presque sans interruption depuis onze heures et demie jusqu'à quatre heures. »

Kotzebue fait observer que Sicard devrait se former un public moins nombreux : « Il préviendrait, dit-il, ces éternelles interruptions désespérantes pour un auditeur attentif. Ce jour-là, par exemple, lorsque la salle était déjà remplie, les deux portes fermées, la séance commencée, à chaque instant quelqu'un voulait entrer encore, et si l'on n'ouvrait pas assez promptement, on frappait contre la porte à coups redoublés. »

La salle fut ornée plus tard de deux tableaux de Langlois, peints en 1812 et 1814, et représentant l'abbé Sicard instruisant ses élèves. Ces deux grandes toiles sont aujourd'hui dans la salle des Commissions de l'Institution nationale.

V

L'ORME DE L'INSTITUTION

Dit l'orme de Sully.

L'orme colossal qui s'élève dans la cour d'honneur de l'Institution nationale et qui, par ses dimensions peu ordinaires, constitue une des curiosités du Paris de la rive gauche, a près de cinquante mètres de hauteur; sa circonférence, à sa base, ne mesure pas moins de six mètres.

Quelle est son origine? La tradition la plus ancienne et la plus populaire veut que cet arbre magnifique ait été planté par le ministre Sully, vers l'année 1600.

D'autre part, dans ces derniers temps, on a avancé que l'orme de l'Institution avait été planté par les religieux de Saint-Magloire à l'époque de leur transfert de la rue Saint-Denis à la rue Saint-Jacques. Cette plantation se serait donc faite en 1572, ce qui vieillirait notre arbre d'une cinquantaine d'années. A la vérité, il est de taille à porter un demi-siècle de plus, et, dans les deux cas, il a pù fort bien, suivant la poétique hypothèse de M. Ad. Franck, prêter son ombrage à Malebranche.

M. H. du Cleuziou, qui nous a donné cette dernière

version, ajoute un détail intéressant. Le lendemain d'une des troublantes journées de 1793, alors que le séminaire était déjà fermé, un concierge effaré prit dans l'église de Saint-Magloire les reliques apportées jadis de Bretagne par les disciples de saint Samson et les enterra dans un puisard à l'ombre de notre arbre séculaire. Plus tard, Mgr de Quélen s'en vint à Saint-Magloire, alors école des sourds-muets, et, sur des indication précises, il fit fouiller la terre, déterra les corps saints et les fit transporter dans l'église voisine, où ils se trouvent encore.

NATIONALE DES

ORGANISATION ADMINISTRATIVE

L'Institution nationale est une personne morale qui a sa vie, ses ressources et son budget particuliers. Classée parmi les établissements nationaux de bienfaisance, elle relève du ministre de l'intérieur (direction de l'hygiène et de l'assistance publiques).

L'Institution n'est pas propriétaire de l'immeuble qu'elle occupe. Cet immeuble, mis à sa disposition depuis 1791, appartient à l'État. Il en résulte qu'au point de vue des bâtiments, elle relève du ministre de l'instruction publique (direction des bâtiments civils et des palais nationaux), qui pourvoit aux travaux incombant au propriétaire : constructions, grosses réparations, etc.

L'Institution est administrée, sous l'autorité du ministre de l'intérieur, par un directeur responsable assisté, au point de vue général, d'une commission consultative nommée par le ministre et, au point de vue de l'enseignement professionnel, d'un conseil de perfectionnement également nommé par le ministre. Les attributions de la commission consultative consistent à donner des avis à l'autorité supérieure. Son intervention s'étend à toutes les questions qui touchent les intérêts matériels ou moraux de l'Institution. Les règlements énumèrent les points sur lesquels ses délibérations sont obligatoirement provoquées par l'administration. Elle peut, de plus, se saisir elle-même, et, par l'intermédiaire de son président, elle a correspondance avec le ministre.

On trouvera au commencement de ce travail un état nominatif du personnel de l'Institution tel qu'il est en ce moment (avril 1896). Dans la présente notice, nous nous bornons à énumérer les différents services avec les postes qu'ils comportent. Les appellations des emplois suffiront à faire comprendre l'organisation de l'établissement et la nature des attributions de chacun des membres du personnel.

Le personnel administratif comprend, outre le directeur, un censeur, un receveur, un économe, un secrétaire de la direction et deux commis aux écritures.

Aux services administratifs sont attachés : une surveillante d'infirmerie et deux infirmières diplômées, une maîtresse lingère et six ouvrières lingères, un chef des garçons et vingt-trois gens de service, parmi lesquels : un concierge, un veilleur, un chef de cuisine, un garçon de bureau, un garçon courrier, un chauffeur-mécanicien, des ouvriers tailleurs, un garçon d'infirmerie.

Le service médical est confié à un médecin, un médecin adjoint, un médecin oculiste et un médecin dentiste.

Le service du culte incombe à un aumônier externe.

Les bâtiments relèvent d'un architecte et d'un inspecteur des travaux.

Les archives sont tenues par le secrétaire de la direction.

Bibliothèque. Le bibliothécaire est choisi parmi les professeurs.

L'enseignement normal comporte deux cours dont les chaires sont occupées par le censeur des études.

L'enseignement scolaire et intellectuel est donné par 38 membres du corps enseignant, parmi lesquels 14 sont professeurs titulaires, 8 professeurs agrégés, 9 professeurs adjoints et 7 répétiteurs de 1re, 2e, 3e et 4e classes.

L'enseignement du dessin est donné par un professeur spécial.

L'enseignement manuel et professionnel est pratiqué par 4 chefs d'atelier et par 4 professeurs.

Le service de discipline a pour agents 2 surveillants généraux.

Une clinique externe est annexée à l'Institution pour les maladies de l'oreille, avec un directeur et un chef de clinique.

Sauf certains employés et agents du service administratif, nommés par le directeur, et à l'exception de l'architecte et de l'inspecteur des travaux, qui appartiennent au département de l'instruction publique, tous les membres du personnel sont nommés, avancés et admis à la retraite par le ministre de l'intérieur, sur la proposition du directeur de l'Institution.

Les fonctionnaires et employés de l'Institution sont, au point de vue des retraites, régis par un décret spécial en date du 29 mars 1862.

Le prix de revient annuel de chaque élève interne est de 1,800 francs environ. La majeure partie de la dépense est occasionnée par la nécessité d'entretenir, pour l'enseignement intellectuel, un personnel de valeur et très nombreux.

Le budget annuel de l'Institution est de 420,000 francs environ. Les ressources principales qui l'alimentent sont :

Jusqu'à concurrence de 240,000 francs, une subvention

de l'État; — pour environ 95,000 francs, les pensions acquittées par les familles et les bourses des départements, communes et institutions charitables; — les revenus de l'établissement, qui s'élèvent à environ 50,000 francs et proviennent de libéralités et pour une part de capitalisation.

SÉJOUR ET ADMISSION
DES ÉLÈVES

L'Institution nationale de Paris est une œuvre de bienfaisance dont le but est de permettre aux familles, quelle que soit leur situation matérielle, de faire jouir leurs enfants sourds-muets de l'éducation spéciale que nécessite l'état anormal dans lequel la nature les a placés. Son action est limitée aux garçons, des œuvres de même nature, sises dans d'autres villes, prenant soin des filles.

Pour remplir sa mission, l'Institution ne doit recevoir et conserver que les enfants capables de profiter de l'instruction intellectuelle et professionnelle qu'elle délivre à ses élèves. Cette aptitude résulte de l'âge et de l'état intellectuel et physique des sujets.

Pour être admis à l'Institution, les élèves ne doivent, en principe, être âgés ni de moins de neuf ans, ni de plus de douze ans. Toutefois, il est fait exception à l'égard de ceux qui ont dépassé cette dernière limite, s'ils ont déjà reçu un commencement d'instruction suffisant pour leur permettre de suivre utilement les cours fréquentés par des enfants de leur âge.

L'aptitude physique et intellectuelle est constatée par une commission composée du directeur, du censeur et du médecin.

Au point de vue de la fréquentation de l'Institution, les élèves se divisent en trois catégories : les internes, qui, comme leur nom l'indique, habitent la maison; les demi-pensionnaires, qui y passent toute la journée jusqu'au souper exclusivement; les externes surveillés, qui ne s'absentent dans le jour que pour prendre dans leurs familles le repas de midi. On remarquera que nous n'avons pas d'externes libres. Notre enseignement spécial ne s'accommoderait pas du système de l'externat complet, si recommandable pour le lycée. Chez nous, en effet, il y a peu de devoirs écrits. Aux classes faites par la parole succèdent des études où la parole règne également. Puis viennent la gymnastique, le dessin, l'enseignement professionnel, toutes choses qui doivent être pratiquées à l'Institution même.

Il est à souhaiter que la demi-pension et l'externat surveillé deviennent de plus en plus la règle pour les élèves dont les parents résident à Paris. Il est de principe que tous les parents auxquels leurs moyens financiers le permettent payent le prix complet de la pension de leurs fils. Ceux, au contraire, dont les ressources sont insuffisantes ou nulles doivent pouvoir placer leurs enfants à l'Institution à prix réduit ou même gratuitement. Partant de cette règle, l'administration a établi les tarifs suivants :

Internat, 1,400 francs par an; — demi-pension, 800 francs par an; — externat surveillé, 600 francs par an.

Ces prix sont susceptibles de diminutions accordées après enquête, par le ministre de l'intérieur, aux familles payantes dont les ressources sont reconnues insuffisantes.

D'autre part, des bourses ou des fractions de bourses

sont accordées aux familles nécessiteuses par les départements, les villes, les bureaux de bienfaisance et les institutions charitables. Le ministre de l'intérieur complète les bourses dont une fraction suffisante a été assurée par ces diverses personnes morales. La gratuité complète se trouve ainsi assurée aux indigents.

Le trousseau de chaque élève est fourni par l'Institution moyennant une somme fixe et payée à l'avance de 400 francs pour la durée normale de séjour de chaque élève interne. Le prix du trouseau des demi-pensionnaires et des externes surveillés est de 160 francs.

La plus grande égalité règne entre les enfants à tous égards. En ce qui concerne le costume notamment, on a tenu à ce qu'il fût uniforme pour tous, qu'ils habitent l'Institution ou qu'ils ne la fréquentent que le jour.

Le séjour normal des élèves à l'Institution est de huit ans. Ce séjour est parfois réduit, soit par cause de limite d'âge (21 ans), soit par suite de renvoi pour incapacité, indiscipline, etc., soit enfin en vertu de retrait volontaire par la famille. Des prolongations de séjour peuvent être accordées sur la demande des familles. Pour chaque année de prolongation, il est payé par les parties contribuantes la même somme que pendant les années normales, plus une somme de 50 francs pour complément de trousseau.

La prolongation de séjour peut également provenir de l'obtention au concours d'une des bourses entièrement gratuites (séjour et trousseau) fondées par la libéralité testamentaire du docteur Itard. Ces bourses font jouir les six meilleurs élèves ayant terminé leurs études d'une continuation dans une classe spéciale dite de perfectionnement, ou cours Itard. N'oublions pas de dire qu'un certain nombre de nos pupilles doivent leur séjour à des fondations charitables dues à plusieurs bienfaiteurs.

Le prix pour fonder des bourses à perpétuité est fixé au capital nécessaire pour constituer les rentes ci-dessous, savoir :

Pour fondation d'une bourse d'interne, 1,400 francs; — de demi-pensionnaire, 800 francs; — d'externe surveillé, 600 francs.

Des demi-bourses peuvent être également fondées à perpétuité, au capital nécessaire pour constituer les rentes ci-dessous, savoir :

Pour fondation d'une demi-bourse d'interne, 700 francs; — de demi-pensionnaire, 400 francs; — d'externe surveillé, 300 francs.

Les bourses sont attribuées par le ministre, selon le mode prescrit par les fondateurs.

HYGIÈNE

La population scolaire de l'Institution exige, par sa nature spéciale, des précautions et des soins hygiéniques tout particuliers. Grâce aux conditions et aux mesures sommairement indiquées ci-dessous, l'état sanitaire est des plus satisfaisants, malgré le peu de résistance qu'offrent souvent à la maladie des enfants anormaux.

L'HABITATION

L'IMMEUBLE — LE CHAUFFAGE — L'ÉCLAIRAGE

L'immeuble mis par la Constituante, il y a plus d'un siècle, à la disposition de l'Institution, est vaste et bien placé. Situé sur la montagne Sainte-Geneviève, c'est-à-dire sur un des points culminants de la ville, il occupe une superficie totale d'environ deux hectares, dont plus des quatre cinquièmes ont été conservés en jardin et en cours de récréation.

Ses habitants jouissent en outre, au point de vue de l'air, du voisinage de grands jardins, comme ceux du

Luxembourg, du Val-de-Grâce, de communautés religieuses, de particuliers, etc. Les cours de récréation sont plantées d'arbres sur la moitié environ de leur superficie, de façon qu'une partie en soit ombragée et une partie dégagée. Elles sont nivelées et sablées. Elles sont munies de préaux couverts dont le sol est bitumé.

Dans toutes les salles, l'aération est soigneusement assurée. Le renouvellement de l'air est obtenu, dans les divers locaux, par l'ouverture des fenêtres, et aux dortoirs, pour la nuit, par des appareils de ventilation.

Le chauffage est organisé au moyen d'appareils généraux. Des calorifères à air chaud avec réservoirs d'eau donnent une température suffisamment uniforme et d'autant plus facilement régularisée que chaque classe est munie d'un thermomètre. Ils n'amènent ni fumée ni poussière. L'air n'est pas vicié par eux et n'est jamais ni trop desséché ni trop chargé d'humidité.

L'éclairage de jour est largement distribué dans tous les endroits affectés au travail. Dans les classes, il est unilatéral de gauche. La nuit, il est donné par des appareils à gaz. De jour comme de nuit, l'organisation est basée sur cette règle que la plus mauvaise place doit être bien éclairée. Les places sont attribuées aux élèves en tenant compte de la vue de chacun.

RÉGIME ALIMENTAIRE

Les élèves font quatre repas par jour, composés comme il suit :

Déjeuner. — Une soupe maigre et un morceau de pain.

Dîner de midi. — Soupe grasse. — 80 grammes de viande bouillie ou rôtie. — Légumes frais ou secs suivant la saison. — Pain à discrétion. — 7 centilitres et demi de vin rouge à 12 degrés qui, additionné d'eau, donne 15 centilitres de boisson.

Goûter de quatre heures. — Un morceau de pain.

Souper. — 80 grammes de viande bouillie ou rôtie. — Légumes frais ou secs suivant la saison. — Pain à discrétion. — 7 centilitres et demi de vin pur préparé en boisson, comme il est dit ci-dessus pour le dîner.

Le vendredi, la viande est remplacée par du poisson et des œufs. Le jeudi et le dimanche, il est alloué un dessert au dîner.

Les élèves qui fréquentent les ateliers reçoivent un supplément de vin qui porte la ration de vin pur à 10 centilitres par repas.

Pendant les grandes chaleurs, des distributions de boisson hygiénique (sirop de Calabre) sont faites journellement.

Le pain, le vin, la viande et les principales denrées font l'objet d'adjudications. Il est veillé à ce que chaque fourniture soit de bonne qualité.

Les légumes et fruits frais sont, pour partie, produits par le jardin et, pour le reste, fournis par voie d'adjudication.

L'eau servant à l'alimentation est de l'eau de source d'Arcueil, donation faite par Marie de Médicis à l'immeuble, à l'époque où elle construisit le Luxembourg. Cette eau, avec celle de la Vanne, est seule employée pour la cuisson des aliments et le lavage de la vaisselle comme pour la boisson.

VÊTEMENTS

Les élèves sont constamment en uniforme. L'uniforme comporte deux tenues, celle de sortie et celle d'intérieur.

La tenue de sortie se compose d'un pantalon, d'un gilet, d'une veste et d'une casquette. Tous ces vêtements sont en drap. Par les temps rigoureux, il est ajouté un pardessus-capote, également en drap.

La tenue d'intérieur se compose d'un pantalon (en cotonnade pendant l'été et en velours pendant l'hiver), d'une blouse bleue, d'un ceinturon de cuir et d'un béret de drap.

Toute l'année, en tenue de sortie comme en tenue d'intérieur, les élèves portent des caleçons de coton. Suivant la saison, ils mettent sur leur chemise un tricot de coton, un tricot de laine ou un double tricot.

EXERCICES PHYSIQUES

GYMNASTIQUE — PROMENADES — RÉCRÉATIONS — ATELIERS

Gymnastique. — Chaque jour, tous les élèves font des exercices de gymnastique. Ce sont principalement des exercices d'assouplissement, des marches et des mouvements de bras, avec ou sans haltères. Tous les exercices qui le comportent sont faits en comptant à haute voix en cadence, ce qui ajoute à la gymnastique générale du corps une gymnastique pulmonaire spécialement utile aux muets. Disons, en passant, que la parole enseignée dans les classes est également un exercice salutaire au point de vue physique.

Promenades. — Deux fois par semaine, le jeudi et le dimanche, tous les élèves font des promenades qui, suivant la saison, sont d'importance variable et qui ont lieu, soit dans Paris, soit à la campagne.

Récréations. — Les plus jeunes élèves (quatre premières années) ont des récréations longues et nombreuses, pendant lesquelles ils sont incités à se livrer à des jeux qui demandent du mouvement.

Les grands (quatre dernières années) ont des récréations moins longues. Pour eux, le délassement de l'esprit et l'activité corporelle sont, en effet, assurés en partie par la fréquentation des ateliers.

Ateliers. — Dès la troisième année de leur séjour, tous les élèves travaillent, pendant une heure et demie par jour, dans un des ateliers de l'Institution. Ce travail, qualifié d'*exercices manuels,* est un important exercice corporel. Ils sont ensuite répartis, suivant leurs aptitudes, dans les ateliers d'enseignement professionnel, en tenant compte des indications du médecin et de l'oculiste. Ils y passent six heures par jour, pendant quatre ans. Tel, qui a besoin de grand air, devient apprenti jardinier; tel autre développera ses forces par la menuiserie, la cordonnerie ou la sculpture; d'autres suivront une profession sédentaire, comme la lithogravure, la typographie ou la couture.

SERVICE BALNÉAIRE

REVUE DE PROPRETÉ ET DE SANTÉ — PESAGE — TOISAGE

Les bains. — Tous les quinze jours, le jeudi, les élèves prennent un bain dans une piscine d'eau courante maintenue à 30 degrés et placée dans une salle chauffée par des appareils à vapeur. Des brosses et du savon leur permettent de s'entretenir le corps, et particulièrement les pieds, dans un état rigoureux de propreté. Pendant qu'ils sont en simple caleçon de bain, on procède aux opérations suivantes :

Revue. — Toutes les semaines, ils sont examinés des pieds à la tête au point de vue de la propreté et de tout ce qui pourrait donner quelque indication morbide.

Pesage. — Chaque mois, ils sont pesés, et les variations

de leurs poids respectifs donnent au médecin d'utiles renseignements.

Toisage. — De même, tous les trois mois, ils sont toisés.

NOTA. — Le service balnéaire est complété par une installation hydrothérapique et par des bains simples et médicinaux.

SOINS MATERNELS

Une des dames infirmières préside, chaque matin, au moment du lever, à la toilette des plus jeunes enfants, lavage et peignage.

REVUES SANITAIRES

Il est fait par le service médical des examens périodiques de tous les élèves, savoir :

Par *le médecin en chef.* — Un examen au point de vue général, tous les trois mois.

Par *l'oculiste.* — Un examen de la vue, tous les six mois.

Par *le dentiste.* — Un examen de la bouche, tous les trois mois.

Ces examens médicaux, mentionnés ici avec les mesures et précautions hygiéniques à cause de leur caractère préventif, ont lieu sans préjudice : 1° des pesées, des toisages et des revues faites chaque semaine aux bains ; 2° des revues de propreté faites à chaque instant du jour, au dortoir, en classe, en étude et avant l'entrée au réfectoire; 3° des revues hebdomadaires, en uniforme de sortie et d'intérieur.

L'ENSEIGNEMENT SCOLAIRE

OU INTELLECTUEL

L'enseignement donné aux élèves de l'Institution nationale de Paris se divise en enseignement scolaire et en enseignement professionnel.

Le premier leur est donné pendant toute la durée de leur séjour dans l'Institution, c'est-à-dire pendant huit années. Seuls, les élèves des quatre dernières années reçoivent le second, de telle façon que la journée est pour eux partagée en deux parties à peu près égales.

L'enseignement scolaire, que nous nommons également intellectuel, pour le distinguer du professionnel, a pour but de fournir aux sourds-muets les connaissances utiles que les enfants acquièrent ordinairement dans la famille et dans les écoles primaires.

Les programmes d'enseignement sont établis par le directeur de l'Institution et soumis à l'approbation du ministre. Les programmes actuellement en usage ont reçu l'approbation ministérielle le 13 juillet 1889.

Ils ont été publiés en une brochure composée par les élèves typographes de l'Institution.

Ces programmes comportent les connaissances suivantes : articulation et lecture sur les lèvres, écriture, lecture, éléments de la langue française, calcul, géographie, histoire de France, des notions de droit usuel, quelques éléments de géométrie pratique, de physique, de chimie et d'histoire naturelle. A ces connaissances il convient d'ajouter aussi l'enseignement religieux, le dessin et la gymnastique.

Pendant la première année du cours d'instruction, les élèves sont exercés à l'articulation et à la lecture sur les lèvres de la parole, d'après les positions et les mouvements des organes vocaux.

Lorsqu'un jeune sourd-muet arrive à l'École, il est d'abord l'objet d'un examen minutieux au point de vue de son état physique et intellectuel. Puis, le professeur lui fait exécuter une série d'*exercices préparatoires* dont l'ensemble constitue la gymnastique scolaire progressive. Elle consiste en une imitation des mouvements du corps, des différentes attitudes et des divers jeux de la physionomie, et en une imitation des mouvements et des positions des organes vocaux. Exécutés par le professeur et reproduits presque simultanément par l'enfant, ces mouvements, après avoir mis en action presque toutes les parties du corps, finissent par se localiser dans les organes de la voix. On discipline ainsi le jeune sourd-muet et l'on développe en même temps chez lui les facultés d'observation et d'imitation.

Au bout de quelques jours de ces exercices, pour l'intéresser, lui donner le goût de la parole, faciliter ses moyens de communication et enrayer le développement du langage des signes, on l'habitue à lire sur les lèvres, sans les décomposer en leurs éléments phonétiques, quelques mots courts et faciles, et présentant entre eux la plus grande différence. Cette première lecture sur les lèvres, à la fois rudimentaire et silencieuse, se nomme *la lecture synthétique*. L'enfant lit ainsi d'abord des substantifs désignant des objets usuels ; puis des ordres, comme : *assis*, *debout*, *aux rangs*, *viens*, *va-t'en ;* ensuite des mots, comme : *bien*, *mal*, *sage*, *paresseux*, *vite ;* et enfin son nom, celui de son professeur et ceux de ses camarades. En même temps, on lui apprend à *inspirer et à expirer* par la bouche, par le nez, lentement, rapidement ; on commence *l'éducation du toucher* et aussi de l'*ouïe* pour ceux qui ont conservé une sensibilité auditive appréciable.

Habitué, par la gymnastique buccale et vocale qui a précédé, à reproduire exactement les positions et les mouvements des organes vocaux, l'élève lit et répète les sons émis par le maître. On réprime toute tendance vicieuse, on fait appel à la vue, au toucher et à l'ouïe de l'enfant. *C'est l'enseignement des sons* qui commence.

Dès qu'il lit et dit bien un son, on le fixe en le faisant répéter à plusieurs reprises, puis on lui montre la forme graphique des sons fixés. Il apprend du même coup à les reconnaître sur les lèvres, à les prononcer, à les écrire et à les lire. Le maître dit *a*, l'élève répète *a* et écrit ou montre *a* sur le tableau noir. On procède de même pour les premières voyelles *a, o, ou* et pour les premières consonnes *p*, *t*, *k*, *f*, *s*, *ch*, etc. Ces dernières étant difficiles à bien articuler quand elles sont seules, on se hâte de les accoupler aux voyelles et l'on fait successivement lire sur les lèvres, dire et écrire *pa*, *po*, *pou*, *ta*, *to*, *tou*, *fa*, *fo*, *fou*, etc. Ce sont les premières syllabes, simples et directes. On fait ensuite prononcer des syllabes inverses, *ap*, *op*, *oup ;* des syllabes répétées, *papa*, *popopo ;* des syllabes complexes, *pla*, *stro*, et enfin des groupes bisyllabiques, etc. On réserve pour les derniers les sons réputés les plus difficiles, *eu*, *u*, *l*, *r*, *gn*, *ill*, etc., et l'on termine par les voyelles nasales *an*, *on*, *in*, *un*, et les diphtongues *ia*, *io*, *ui*, *oui*. Les principes les plus indispensables et les conseils les plus utiles concernant l'enseignement de l'articulation sont réunis dans un ouvrage fort intéressant : *Comment on fait parler les sourds-muets*, par M. Goguillot, professeur à l'Institution nationale.

Chemin faisant, tout en apprenant à l'élève à lire les sons et les syllabes sur les lèvres du professeur et de ses condisciples, à les prononcer correctement, à les lire sur le tableau, à les écrire sous la dictée, on lui a fait connaître les principaux équivalents graphiques d'un même son et on lui a donné la nomenclature la plus simple et la plus indispensable, en gardant toujours la gradation : lecture sur les lèvres, articulation, écriture et lecture. On lui enseigne ainsi des mots courts, faciles à lire sur les lèvres et à articuler, des expressions simples, correspondant à ses premiers besoins. Il acquiert ainsi, au cours de la première année, de cinquante à cent substantifs en présence des objets offerts à son observation, ainsi que les dix premiers noms de nombres.

Quoique l'étude de la lecture sur les lèvres et de l'articulation doive se poursuivre pendant le cours d'instruction tout entier, il convient cependant, dès que le jeune sourd est en possession des sons fondamentaux et de leurs combinaisons, d'aborder l'enseignement de la langue, c'est-à-dire de la valeur des mots et de leur emploi dans la proposition. En retardant plus longtemps cet enseignement, on risquerait de nuire au développement de l'intelligence de l'élève et à l'acquisition même de la langue.

Divers ouvrages traitent de l'enseignement de la langue aux sourds-muets. Il en est trois, notamment, qu'on consultera avec fruit. Ce sont :

1° La *Méthode à la portée des instituteurs primaires pour enseigner aux sourds-muets la langue française sans l'intermédiaire des signes*, par Valade-Gabel ;

2° Le *Cours de langue française*, de MM. André et Raymond, professeurs à l'Institution nationale ;

3° *Esquisse historique et court exposé de la méthode suivie pour l'instruction des sourds-muets*, par l'abbé Jules Tarra, traduit de l'italien par MM. Dubranle et Dupont.

Apprendre au sourd la langue de son pays et lui donner les connaissances diverses qui conviennent à sa condition, tel est le problème vaste et complexe que le maître doit résoudre pendant les sept dernières années que son élève doit passer auprès de lui. Il doit, à lui seul, tenir lieu au sourd-muet de la société tout entière, qui se charge de donner aux entendants le premier vocabulaire, et suppléer à cet incessant et multiple exercice qui nous en rend l'acquisition si facile et l'usage si familier.

Le maître qui entreprend cette tâche doit procéder d'après les principes de la méthode *intuitive orale pure*. Cette méthode est dite *intuitive* ou *perceptive*, parce que le mot est enseigné en présence de l'objet ou du fait immédiatement perçus ou rappelés à l'intelligence au moyen des mots connus, parce qu'elle se base sur la perception directe des corps et de leurs rapports, parce que le vrai, le réel, les choses et les actions présentes sont l'unique objet de son enseignement ; elle est dite *orale*, parce que l'enseignement est donné par la parole articulée et lue sur les lèvre enfin *pure*, parce que la parole est l'unique moyen d'enseignement et de communication, soit pour apprendre la langue aux élèves, soit pour leur donner toutes sortes de notions. Chaque mot, on le voit, est appris par l'enfant comme une forme de l'idée provoquée par la perception directe. Et par induction, les choses et les actions non présentes sont rappelées à l'esprit au moyen du langage déjà connu. C'est ainsi que, peu à peu, on s'élève jusqu'à l'abstraction.

Quand le sourd-muet, conformément à cette méthode, a été habitué à former des jugements, d'abord simples, puis complexes et composés, sur les objets, et à exprimer ces jugements, il peut dès lors acquérir, dans les limites que comportent la nature de son intelligence et sa condition, une foule de notions pratiques et usuelles sur la nature et sur la société, et des connaissances assez complètes dans les diverses branches de la science, telles que l'arithmétique, la géographie, l'histoire, le droit usuel, connaissances dont l'enseignement concourt encore à l'étude de la langue.

Laissant de côté le dessin, ainsi que le calcul, la géographie, l'histoire de France et le droit usuel, pour lesquels il existe des programmes spéciaux, nous dirons seulement quelques mots de l'enseignement religieux et de la gymnastique.

L'enseignement religieux est donné à nos élèves, conformément aux vœux des parents. Un aumônier appartenant à la religion catholique est attaché à l'établissement.

Les élèves non catholiques reçoivent, sur la demande de leurs parents, l'enseignement religieux, et le ministre du culte auquel ils appartiennent est alors admis à communiquer avec eux.

Les enfants qui, d'après le vœu de leurs parents, doivent pratiquer le catholicisme, reçoivent de l'aumônier, à partir de la quatrième année d'études, des leçons d'instruction religieuse. Ces leçons sont données dans une classe spéciale, et leur durée est de une heure par semaine pour chaque section de dix élèves.

La nature spéciale de nos élèves, le retard apporté par leur infirmité même au développement de leur intelligence et leur peu de connaissance de la langue, ne leur permettent pas de commencer l'enseignement religieux avant leur quatorzième ou leur quinzième année. Aussi est-ce vers l'âge de seize ans seulement qu'ils sont appelés à faire leur première communion. Après avoir fait leur première communion, ils continuent à suivre le cours d'instruction religieuse, à moins d'un désir contraire exprimé par la famille.

De tout temps, *la gymnastique* fut en honneur dans notre maison. Nos sourds-muets, plus encore que les autres enfants, ont besoin de développer parallèlement les forces du corps et celles de l'intelligence.

Aussi l'administration a-t-elle organisé avec soin l'enseignement de la gymnastique, qui est apprise et pratiquée sous la direction de professeurs spéciaux. Pendant toute la durée des études, les élèves prennent part à des exercices réglés d'après leur âge, leur état physique et leurs besoins : marches, courses, sauts, exercices d'assouplissement, mouvements avec ou sans haltères, travail avec agrès, etc. Pendant qu'ils pratiquent certains de ces exercices, les élèves comptent à haute voix et en cadence, ce qui constitue une gymnastique pulmonaire qui leur est éminemment salutaire. Enfin, toujours dans le but de les fortifier et d'améliorer leur santé, tous se livrent à la natation tous les quinze jours, dans la belle piscine de l'Institution.

On a vu plus haut que l'enseignement scolaire est donné aux élèves par la parole et conformément aux principes de la méthode intuitive, et que le développement des matières du programme a lieu pendant huit années, période qui correspond à la durée réglementaire du séjour des élèves dans l'Institution. Il nous reste à donner quelques renseignements qui pourront intéresser les parents et les instituteurs de sourds-muets sur l'organisation que nous avons introduite dans nos classes en vue de doter nos élèves d'une instruction intellectuelle solide, durable et capable de suffire à tous leurs besoins.

Les classes correspondant aux huit années d'études sont, chacune, divisées en deux ou en un plus grand nombre de sections dirigées par un professeur.

Les professeurs instruisent les élèves de la section qui leur est confiée, en se conformant au programme.

Ils sont assistés d'un maître répétiteur dont les principales attributions sont de faire répéter, pendant l'étude, les exercices faits par le professeur pendant la classe.

Le nombre moyen des élèves par section ne dépasse pas huit dans les quatre premières années, et douze dans les quatre dernières, ce qui permet au professeur de donner à chacun d'eux des soins particuliers et de s'occuper spécialement des moins bien doués. On sait que souvent la surdi-mutité est accompagnée d'autres infirmités physiques ou intellectuelles. Les cas de ce genre sont d'autant plus nombreux, que parmi les sourds-muets beaucoup sont fils de dégénérés, scrofuleux, idiots, alcooliques, etc., et que, parmi ceux qui n'ont rien à reprocher à l'hérédité, la plupart sont devenus sourds à la suite de maladies cérébrales.

Les élèves de chaque année sont répartis, suivant leur développement intellectuel, dans les diverses sections. Les élèves des dernières sections reçoivent un enseignement mis à leur portée, mais toujours par la parole et la lecture sur les lèvres, sans l'intervention du langage des signes. Ils acquièrént ainsi le plus de connaissances possible, sans nuire aux études de leurs camarades, et parfois ils atteignent, grâce au dévouement de leurs maîtres, un développement intellectuel inespéré à l'origine.

L'ENSEIGNEMENT NORMAL

L'Institution nationale de Paris ne se borne pas à donner l'enseignement à ses élèves sourds-muets. Elle a également pour mission la formation du corps enseignant dont le ministre de l'Intérieur dispose pour les Institutions nationales.

L'arrêté ministériel du 23 juillet 1888 détermine les conditions et programmes des concours pour le recrutement et l'avancement du personnel enseignant des Institutions nationales de sourds-muets.

Le personnel enseignant comprend des répétiteurs de quatre classes, des professeurs adjoints et des professeurs titulaires.

Pour entrer dans ce personnel, il faut être pourvu d'un brevet d'instituteur ou d'un diplôme universitaire et subir les épreuves d'un concours d'admission. Les candidats déclarés admissibles par le jury sont, suivant leur rang de classement et les vacances existantes, nommés par le ministre répétiteurs de 4e classe. Les épreuves d'entrée ne portent que sur des connaissances générales.

Chaque année, à la suite de concours et après un minimum d'une année de grade, ont lieu des promotions conférant aux maîtres les fonctions de répétiteurs de 3e, de 2e et de 1re classes et celles de professeurs adjoints. Après deux ans de grade, le professeur adjoint peut être admis à passer l'examen prescrit pour l'obtention du titre de professeur adjoint de 1re classe. Cet examen supérieur, qui comporte la rédaction et la soutenance d'une thèse, ouvre des droits au grade de professeur titulaire.

L'enseignement normal professé à l'Institution nationale de Paris comporte :

1° Un cours normal d'*articulation et de lecture sur les lèvres,* ouvert depuis octobre 1881. Ce cours, qui a pour but, comme son nom l'indique, de préparer les jeunes maîtres à l'enseignement de l'articulation et de la lecture sur les lèvres, dure une année.

2° Un cours normal de *méthode intuitive*, créé en octobre 1882. Ce cours, qui dure plusieurs années, sert à exposer en détail la méthode à suivre et les exercices à faire pour donner aux sourds-muets les connaissances utiles que les enfants ordinaires acquièrent dans leurs familles et dans les écoles primaires, telles que : lecture, écriture, éléments de la langue française, calcul, géographie, histoire de France, notions de droit usuel, éléments de géométrie pratique, de physique et d'histoire naturelle. Il est complété par l'étude *historique de l'art d'instruire les sourds-muets* depuis l'antiquité jusqu'à nos jours.

L'enseignement normal donné dans les cours est complété, d'une part, par les travaux et les études personnelles des élèves-maîtres et, de l'autre, par la pratique même de l'enseignement.

Pour leurs travaux et leurs recherches, nos maîtres ont

à leur disposition, outre la riche bibliothèque spéciale que renferme l'Institution, toutes les ressources qu'offre le séjour de Paris, avec ses cours de toutes natures, ses collections et ses bibliothèques.

Quant à la pratique, ils l'acquièrent en pratiquant. Dès qu'un jeune maître est admis dans l'Institution, il est adjoint à un professeur, dont il devient le répétiteur. Chaque jour il assiste, pendant une heure au moins, à la classe faite par ce maître expérimenté; puis, pendant les études, il fait reprendre aux élèves les exercices qu'il a vu faire. Guidé par le professeur auquel il est spécialement attaché, il reçoit en outre l'aide et la direction du Censeur, professeur de l'enseignement normal.

Bien que nos cours aient pour but principal la formation du corps enseignant des Institutions nationales, ils sont largement ouverts aux personnes du dehors qui désirent s'occuper de l'éducation des sourds-muets.

Notre enseignement normal rend des services de jour en jour plus grands. C'est à lui qu'est due, pour une large part, la valeur des maîtres de nos Institutions nationales. A lui aussi nous devons l'honneur de compter, en dehors de notre propre personnel, de nombreux disciples français et étrangers.

BIBLIOTHÈQUE

SON ORIGINE

La fondation de notre Bibliothèque remonte, à peu de chose près, à la date où la maison de l'abbé de l'Épée devenait, grâce à la Convention, Institution nationale. C'est en effet en 1793 que deux instituteurs choisissaient au dépôt des Cordeliers un certain nombre de volumes qui devaient former son premier fonds.

Leur choix se porta principalement sur des ouvrages de philosophie ou de littérature, et le chiffre des livres spéciaux était bien minime. Il en eût difficilement été autrement. Très restreint était le nombre des hommes s'étant occupés jusqu'alors de l'éducation des sourds-muets. Auteurs manquaient, aussi bien que lecteurs, à ce genre d'œuvres. Aussi, une bibliothèque qui possédait, comme ouvrages français, les travaux de l'abbé de l'Épée et de l'abbé Deschamps et, comme publications étrangères, ceux de P. Bonet, de Wallis, d'Amman, de Samuel Heinicke et de bien peu d'autres, pouvait-elle se flatter de réunir à peu près tout ce qui concernait l'éducation des sourds-muets.

En revanche, et grâce à ses premières origines, elle était et elle est toujours riche de livres précieux, au premier rang desquels il faut placer un magnifique exemplaire des *Fables* de La Fontaine (édition des fermiers généraux).

SA COMPOSITION

La littérature technique de notre enseignement ne tarda pas à se développer. Dans tous les pays d'Europe et d'Amérique, l'œuvre de l'abbé de l'Épée et de la Constituante avait trouvé des imitateurs. Partout, il s'ouvrit des institutions de sourds-muets, et, à mesure que des écoles et des maîtres compétents se formaient, les publications se multipliaient.

La Maison de Paris, dont les disciples avaient été les fondateurs de la plupart des premières écoles étrangères, resta, de tous temps, en relations cordiales avec les maîtres des diverses contrées, et sa bibliothèque fut toujours tenue au courant de leurs travaux.

Aujourd'hui, notre bibliothèque compte près de 7,000 volumes, qui peuvent être divisés en quatre groupes.

Le premier groupe comprend la littérature générale.

Le second renferme, à bien peu de chose près, les œuvres de tous les instituteurs et auteurs français sur l'éducation des sourds-muets et les œuvres étrangères les plus importantes de même nature.

Le troisième comporte les traités spéciaux sur la formation de la langue, la production de la voix, l'acquisition du langage, l'acoustique, la physiologie et l'anatomie des organes de l'audition et de la parole, le bégayement et les autres vices de prononciation, la pédagogie générale, etc., en un mot, sur tous les sujets qui, sans faire directement partie de notre spécialité, doivent faire l'objet des études de notre corps enseignant.

Le quatrième, sorte de bibliothèque scolaire, se compose de livres simples susceptibles d'être mis entre les mains des élèves.

ORGANISATION — PRÊTS

Les ouvrages sont, par les soins d'un professeur bibliothécaire, mis à la disposition du personnel de l'Institution. Les maîtres peuvent y emprunter les livres utiles à leurs études. Les plus rares ne sont communiqués que sur place. On ne saurait laisser sortir des livres comme ceux de Bonet, de Wallis, d'Amman, ou la belle réimpression anglaise de l'œuvre de Dalgarno.

CATALOGUE

Si l'inventaire de la bibliothèque est toujours tenu au courant, il n'en a pas encore été publié de catalogue complet.

Seuls, les ouvrages concernant l'éducation des sourds-muets et les sciences qui s'y rattachent ont fait l'objet d'un catalogue édité en 1883 et sur lequel ne figurent que des œuvres écrites en langue française. Ce catalogue spécial a été mis au courant par un supplément où sont enregistrés les livres de même nature entrés à la bibliothèque depuis 1883.

MUSÉE SCOLAIRE

ET LEÇONS DE CHOSES

La première année d'instruction est, on le sait, consacrée à l'articulation et à la lecture sur les lèvres. On apprend au jeune sourd-muet à lire sur les lèvres et à articuler les voyelles et les consonnes. Ces éléments acquis, on les lui fait réunir en syllabes.

Dès que les organes sont habitués à la prononciation de deux, trois, quatre syllabes réunies, on commence l'enseignement de la langue, ou, autrement dit, l'étude de la valeur des mots : substantifs, adjectifs, verbes, etc.

Quand il s'agit du verbe, dont l'action tombe sous les sens, l'élève est exercé à en acquérir l'idée par le rapprochement de l'exécution de l'action et de l'ordre correspondant : Marche, — et on le fait marcher.

Lorsqu'on veut lui enseigner l'adjectif exprimant les qualités les plus sensibles de couleur, de forme, de volume, on lui montre ces qualités dans un objet : Le papier blanc, — le tableau noir.

Pour les noms, on lui montre les objets ou leur représentation. En même temps qu'il prononce le mot, l'enfant regarde et apprend à reconnaître l'objet qui lui est présenté.

Notre école doit donc suppléer au champ vaste et varié des choses et des faits dans lequel nous avons appris le vocabulaire et posséder les objets qui tombent ordinairement sous les sens des élèves et dont ils font un usage journalier. D'où la nécessité d'avoir un musée le plus complet possible et composé plutôt des objets eux-mêmes ou de leur maquette que de leur image.

On peut poser en règle presque absolue que, dans notre pédagogie spéciale, l'image ne sert pas de moyen d'enseignement quand il s'agit de choses non encore connues, mais seulement de moyen d'étude et surtout de rappel des choses déjà vues.

Cette règle admise, il va de soi que nous employons, comme les écoles primaires et maternelles, des compendiums métriques, cadrans horaires, gravures, estampes, et qu'un musée scolaire tant soit peu complet doit posséder : le musée scolaire d'Émile Deyrolle; la collection d'Adrien Linden; le musée industriel de Dorangeon; le musée Saffray; le musée Vlasto; le musée Armengaud, etc.

Mais nous ne nous bornons pas à notre musée scolaire.

Pour nous, tout est leçons de choses et musée pédagogique. Avec les débutants, notre musée commence par le corps même des enfants et de leurs maîtres; puis, après s'être étendu à leur vêtement, à la classe et à son mobilier, il comprend ce que contient la maison et son jardin. Bientôt les rues, la ville et la campagne sont mis à contribution : les promenades ont toutes le caractère d'*excursions pédagogiques*. Aux plus jeunes on montre les animaux du Jardin des plantes ou du Jardin d'acclimatation. Puis nos élèves visitent des musées, des collections, des fabriques, des magasins, etc., et toujours (avant, pendant et après chaque promenade) des leçons leur sont faites sur les objets et les faits vus. Ils acquièrent ainsi le nom et l'usage de tout ce que connaissent sans effort les enfants normaux : depuis leur propre nom jusqu'à la manière de se comporter dans une gare de chemin de fer. Ajoutons enfin que l'Institution nationale a à sa disposition ce merveilleux musée pédagogique qui s'appelle Paris et sa banlieue et un personnel enseignant d'élite qui sait tirer parti de cette précieuse ressource.

ARCHIVES

Les archives de l'Institution, riches en lettres autographes, en pièces manuscrites et en documents imprimés, sont précieuses pour l'histoire générale de l'art d'instruire les sourds-muets, et particulièrement pour celle de l'Établissement de Paris, qu'elles permettent de suivre depuis son origine jusqu'à nos jours.

Elles renferment :

Des lettres autographes signées et des manuscrits de l'abbé **DE L'ÉPÉE;**

Une volumineuse correspondance adressée à de l'Épée de tous les points de la France et de l'étranger par des *souverains et des personnages* de marque ;

Des pièces manuscrites relatives au procès engagé et poursuivi, avec le plus admirable désintéressement, par de l'Épée, en faveur d'un de ses élèves, l'enfant trouvé Joseph, qu'il avait reconnu être le comte de Solar, abandonné et renié par sa famille ;

Un mémoire autographe signé de l'abbé **DESCHAMPS,** d'Orléans, célèbre instituteur de sourds-muets, contemporain de l'abbé de l'Épée ;

Des documents historiques, manuscrits et signés, ou imprimés, relatifs à l'Institution de Paris ;

Des lettres autographes signées de l'abbé **SICARD**, disciple et successeur de l'abbé de l'Épée ;

Une correspondance adressée à l'abbé Sicard et aux autres directeurs de l'Institution ;

Des rapports manuscrits du docteur **ITARD**, savant otologiste, médecin en chef et bienfaiteur de l'Institution ;

Des lettres autographes signées et des pièces manuscrites d'administrateurs, de directeurs et professeurs renommés de l'Institution : Baron **DE GÉRANDO**, **BÉBIAN**, **Ed. MOREL**, **J.-J. VALADE-GABEL**, **Léon WAÏSSE**, etc.

On y trouve encore :

1° Lettre autographe signée de l'abbé **DE L'ÉPÉE**, datée de 1789 et relative à la visite de l'instituteur d'un prince russe. Cette lettre est une des dernières qu'ait pu écrire la « main tremblante » du célèbre abbé ;

2° Lettre signée de **JOSEPH II** (6 janvier 1778), par laquelle cet empereur adresse à l'abbé de l'Épée l'abbé Storck, en le priant de lui enseigner sa méthode, en vue de fonder un établissement de sourds-muets à Vienne ;

3° Lettre autographe de **HENRI DE PRUSSE**, frère de Frédéric le Grand, à l'abbé de l'Épée, pour lui rendre compte de son intervention dans la dispute littéraire engagée entre de l'Épée et le libraire Nicolaï ;

4° Décret de l'**ASSEMBLÉE NATIONALE** (21 juillet 1791) *plaçant le nom de l'abbé de l'Épée au rang de tous les citoyens qui ont le mieux mérité de l'humanité et de la patrie ;*

5° Lettre autographe de l'abbé **SICARD** (29 ventôse an II) informant un ancien membre de la Commune de Paris de l'admission d'un élève à l'Institution. Curieux détail sur la fourniture du trousseau.

Citons également les pièces suivantes :

1° Lettre autographe du **CARDINAL ARCHEVÊQUE DE VIENNE** (janvier 1789) remerciant l'abbé de l'Épée des peines qu'il s'est données pour former l'abbé Storck;

2° Lettre autographe du comte de **GOERTZ**, chargé par le duc de Saxe-Weimar de faire connaître à l'abbé de l'Épée qu'il lui enverra un bon sujet pour recevoir ses leçons et en faire profiter les sourds-muets de son pays;

3° Lettre signée de M. de **FEYLINGEN**, conseiller de la ville de Rotterdam, directeur de la Compagnie des Indes orientales (septembre 1782), demandant à l'abbé de l'Épée de vouloir bien se charger d'un jeune homme pour le former dans l'art d'instruire les sourds-muets;

4° Lettre signée du Grand Électeur **FRÉDÉRIC-CHARLES**, informant l'abbé de l'Épée que, désireux d'établir dans ses États une école de sourds-muets, il lui envoie l'abbé Müller, à qui il voudra bien communiquer sa méthode;

5° Une seconde lettre autographe de **HENRI DE PRUSSE**, frère de Frédéric le Grand, à l'abbé de l'Épée, pour lui rendre compte, comme dans la première, de son intervention dans la dispute littéraire engagée entre de l'Épée et le libraire Nicolaï;

6° Lettre autographe de **SICARD** (février 1809) au sujet d'une diminution de pension en faveur d'une sourde-muette, élève de l'Institution de Paris;

7° Lettre autographe de **BÉBIAN** (juin 1823), par laquelle il fait hommage aux administrateurs de l'Institution de son *Manuel des sourds-muets;*

8° Le manuscrit original de la quatrième et dernière lettre de l'abbé **DE L'ÉPÉE** « à l'abbé X***, son intime ami », lettre publiée en 1774. Après y avoir démontré « la facilité avec laquelle on peut former des maîtres pour instruire les sourds-muets », il explique les moyens qu'il emploierait pour instruire un sourd-muet aveugle;

9° Une histoire manuscrite de tout ce qui concerne le jeune Solar, rédigée par l'abbé **DE L'ÉPÉE**;

10° Une lettre fort curieuse du maître de pension **CHEVROT**, datée de Toulouse, où il avait été chargé de conduire le pauvre enfant, dans le but de lui faire reconnaître sa maison, ses parents, ses amis;

11° Le mémoire original adressé par l'abbé **DESCHAMPS** à l'Assemblée nationale, en vue de la fondation d'établissements de sourds-muets dans les principales villes de France ;

12° Et, parmi les manuscrits d'**ITARD**, un rapport auquel des expériences récemment reprises à l'Institution donnent un intérêt d'actualité. Il contient : « un premier aperçu de la méthode d'instruction à donner à ceux des sourds-muets qui sont doués jusqu'à un certain point des facultés auditive et orale. »

Signalons, dans le même ordre d'idées, un des manuscrits de **DE GÉRANDO** : « Rapport sur une classe particulière d'enfants placés dans une situation intermédiaire entre les sourds-muets proprement dits et les entendants parlants. »

Mentionnons, parmi la correspondance de l'abbé de l'Épée, quelques signataires de nos lettres autographes : — Le lieutenant de police **LENOIR**, remerciements (1777). — Le comte **Al. DE LA ROCHEFOUCAULD** lui demande de se charger d'un sourd-muet indigent. Le duc **L. H. J. DE BOURBON, prince de Condé**, le félicite de sa nomination de membre de l'académie de Châlons (1778). — **MIROMÉNIL**, garde des sceaux, lui annonce que le Conseil du Roi vient de rendre un arrêt fixant le siège de l'établissement des sourds-muets à la Maison des Célestins (1785). — Le ministre **NECKER** lui écrit plusieurs fois pour le renseigner au sujet de l'impression de son *Dictionnaire à l'usage des sourds-muets.* — Les archevêques et évêques de la plupart des diocèses de France correspondent sans cesse avec lui pour lui recommander ou lui envoyer des élèves indigents ; — etc.

Une simple énumération des lettres autographes de l'abbé Sicard, de ses successeurs et des personnes qui ont été en correspondance avec eux nous entraînerait trop loin. Nous devons nous borner à citer, parmi ces dernières, les noms de quelques signataires : **CHAUVEAU-LAGARDE. DE BROGLIE, ANTOINE DUBOIS, CHABOT, DAVID D'ANGERS, Mme STAËL DE BROGLIE, CARNOT, Vicomtesse VICTOR HUGO, Mme SWETCHINE, COCHIN, Sœur ROSALIE**, etc., etc.

L'ENSEIGNEMENT PROFESSIONNEL

Le jour où le sourd-muet a pu développer son intelligence par l'instruction, il a été mis en état d'apprendre un métier. Déjà, au temps de l'abbé de l'Épée, ses élèves devenaient des artistes ou des ouvriers. « Il en est parmi eux, dit-il, qui s'appliquent à la peinture, d'autres à la gravure, et qui y réussissent plus ou moins... On trouvera, dans Paris et ailleurs, des sourds et muets dans tous les arts mécaniques, et ce sont souvent de très bons ouvriers. Les filles sourdes et muettes que j'instruis réussissent très bien dans tous les ouvrages qu'on leur confie. »

Ainsi que nous l'a appris le rapport de Prieur, on n'avait pas tardé à installer des ateliers dans le couvent des Célestins. En 1791, ils étaient « en pleine activité ».

Le règlement du 16 février 1792 nous fait connaître que « les ateliers en activité sont : 1° imprimerie; 2° tour; 3° menuiserie; 4° serrurerie; 5° ganterie; 6° tricot; 7° filature; 8° tisseranderie; 9° dessin et peinture; 10° jardinage, etc., etc. » Ce n'est pas nous qui ajoutons les *et cætera*.

Nous ne saurions affirmer que tous ces ateliers aient

également prospéré durant le séjour des sourds-muets aux Célestins, c'est-à-dire jusqu'au mois d'avril 1794. Il est au moins certain qu'à cette dernière date ils cessèrent à peu près tous d'exister, et qu'il fallut attendre jusqu'en 1801 pour retrouver une réorganisation de l'enseignement professionnel. Le conseil d'administration, par une délibération en date du 15 septembre 1800, ayant demandé la création d'un préposé ou agent général, faisait remarquer que « ces fonctions seraient encore plus nécessaires lorsque l'administration aurait établi des ateliers dans l'intérieur de la maison ». Donc, il n'y en avait plus.

Mais ce qui est également certain, c'est que l'imprimerie, au moins, s'était maintenue et continuait à fonctionner avec succès. C'est cet atelier qui se trouva le premier installé dans le séminaire de Saint-Magloire. Cependant une décision ministérielle du 7 fructidor an VI le supprima comme « art de luxe » et invita à préférer « les arts d'une activité générale, tels que ceux de serrurier, menuisier, tailleur d'habits, cordonnier, cordier, tisserand, etc. ». L'imprimerie fut rétablie en germinal an IX, et bientôt on la revit « en très grande activité ». A compter du 1er messidor, elle fut chargée d'imprimer « tous les objets relatifs au service de la commission administrative des hospices et des établissements qui en dépendaient ».

L'Institution nationale reçut successivement d'autres ateliers, et nous y trouvons, le 1er vendémiaire an X (23 septembre 1801), outre l'imprimerie : le tour; la gravure en taille-douce (professeur : Alexandre Tardieu); la gravure sur pierres fines (professeur : M. Simon et plus tard M. Jeuffroy, de l'Institut); la menuiserie; le métier de tailleur; celui de cordonnier; la mosaïque (professeur : Belloni).

En 1806, la situation n'est plus la même. En somme, les

ateliers de l'Institution nationale ont éprouvé de nombreuses vicissitudes. Tantôt le nombre en est augmenté, tantôt on le réduit; tel métier est supprimé, tel autre le remplace.

Mais il ne paraît pas qu'on ait jamais oublié cette prescription de la loi du 16 nivôse an III : « Chaque élève apprendra un métier propre à lui fournir de quoi pourvoir à sa subsistance, quand il sera rendu à sa famille. »

Deux ateliers seulement ont échappé aux vicissitudes dont nous venons de parler. La menuiserie et la cordonnerie se sont maintenues régulièrement, sans interruption. Ces deux ateliers auraient pu fêter leur centenaire.

L'enseignement professionnel de l'Institution nationale comprend actuellement : la *lithographie*, la *typographie*, la *cordonnerie*, l'*horticulture*, la *sculpture sur bois*, la *menuiserie* et la *couture*.

LISTE

DES

DIRECTEURS, ADMINISTRATEURS
MEMBRES DE LA COMMISSION CONSULTATIVE, CENSEURS
RECEVEURS, ÉCONOMES, MÉDECINS, AUMONIERS

DIRECTEURS

MM. L'abbé **DE L'ÉPÉE**, fondateur (1760-1789).

L'abbé **MASSE**, nommé par la Commune de Paris, successeur provisoire de l'abbé de l'Épée (1789-1er avril 1790).

L'abbé **SICARD**, dirigeait précédemment l'Institution de Bordeaux (1790-1797).

ALHOY, ancien professeur d'humanités, remplace l'abbé Sicard, proscrit, du 18 fructidor an V au 18 brumaire an VIII (1797-1799).

L'abbé **SICARD** reprend ses fonctions après le 18 brumaire (1799-1822).

L'abbé **GOUDELIN**, précédemment second instituteur à l'Établissement de Bordeaux, est nommé le 11 mai 1822 et donne sa démission en septembre (1822).

MM. **L'abbé PERRIER**, précédemment directeur-fondateur de l'Institution de Rodez, et vicaire général de Cahors, est nommé le 18 juillet 1823 (1823-1827).

L'abbé BOREL est nommé le 30 juin (1827-1831).

Désiré ORDINAIRE, ancien recteur de l'Académie de Strasbourg, nommé le 15 novembre (1831-1838).

Adolphe DE LANNEAU, ancien directeur de Sainte-Barbe, 19 octobre (1838-1858).

GARAY DE MONGLAVE, membre de la commission consultative, directeur du 1er au 5 mars 1848.

VOLNEY DE COL, ancien sous-préfet, chef de bureau au ministère de l'intérieur (11 octobre 1858-1866).

Léon VAISSE, précédemment censeur de l'Institution de Paris (10 octobre 1866-1872).

Martin ETCHEVERRY, précédemment directeur de l'Institution de Bordeaux (5 février 1872-1880).

Docteur PEYRON (6 août 1880-1885).

Ernest JAVAL, ancien préfet (19 décembre 1885-1895).

M. DEBAX, préfet honoraire et directeur actuel, est entré en fonction le 20 avril 1895.

ADMINISTRATEURS

MM. **DE BÉTHUNE-CHAROST** (1800).

BROUSSE-DESFAUCHERETS (1800-1808).

LASALLE (1800).

MATHIEU DE MONTMORENCY (1800-1827).

DUQUESNOY (1801-1808).

L'abbé BONNEFOUX (1801).

Le baron GARNIER, greffier en chef de la Haute Cour impériale (1805).

MM. L'abbé **SICARD**, directeur de l'Institution nationale (1805-1822).

Le baron **MALUS**, membre de l'Institut (1808-1820).

Le comte **DESMEUNIERS**, sénateur (1808-1814).

Le baron de **GÉRANDO**, membre de l'Institut et conseiller d'État (1814).

Le duc de **DOUDEAUVILLE**, pair de France (1816).

Le comte Alexis de **NOAILLES**, ministre d'État et député (1821-1835).

Le docteur **GUÉNEAU de MUSSY**, directeur de l'École normale (1821).

DE COLONIA, conseiller d'État (1821).

Le comte **JAUBERT**, conseiller à la Cour de cassation (1821).

Le baron **RENDU**, procureur général près la Cour des comptes (1822).

L'abbé **BURNIER-FONTANELLE**, doyen de la Faculté de théologie (1822-1828).

Le comte de **BRETEUIL**, ancien préfet, pair de France (1827-1832).

BRETON, notaire honoraire, conseiller général de la Seine (1828-1830).

Frédéric **CUVIER**, inspecteur général de l'Université (1830-1836).

Augustin **PÉRIER**, pair de France (1832-1834).

Camille **PÉRIER**, membre de la Chambre des députés, frère du précédent (1834).

Le duc de **CHOISEUL-PRASLIN**, pair de France (1835).

Le baron de **BASTARD-D'ESTANG**, ancien préfet, maître des requêtes au conseil d'État (1836).

En 1841, les *Administrateurs* sont remplacés par une

commission consultative, dont les membres ont été installés le 22 juin.

COMMISSION CONSULTATIVE

MM. **DE GOMBERT**, président (1841-1846).

GOUPIL, secrétaire, puis président (1841-1878).

MICHELOT, chef d'institution honoraire (1841).

GARAY DE MONGLAVE (1841-1848).

THOMAS, conseiller référendaire à la Cour des comptes, président (1846).

DELESTRE, conseiller municipal (1848-1852).

CHEVREAU, député au Corps législatif, membre de la commission départementale de la Seine (1852-1854).

ECK (mars à mai 1854).

BOISSEL, membre de la commission municipale et départementale (1854).

PELASSY DE L'OUSLE, ancien chef d'institution (1855).

DE GUILHERMY, conseiller référendaire à la Cour des comptes, secrétaire (1859-1865).

LORIOL, chef d'institution, secrétaire (1860).

EGGER, membre de l'Institut (1861-1867).

Le marquis **DE BÉTHISY**, ancien pair de France (1861-1881).

DUCREY, conseiller référendaire et depuis conseiller maître à la Cour des comptes, d'abord secrétaire, puis président (1865-1889).

RATAUD, maire du Ve arrondissement (1867-1869).

Ad. **FRANCK**, membre de l'Institut (1869-1890).

SAVOYE, député (1869-1894).

MM. **RIHOUET**, conseiller à la Cour des comptes (1872).
COLMET D'AAGE, ancien magistrat (1876).
MARGUERIE, conseiller d'État, président depuis 1889 (1878).
Albert **MARTIN**, avocat à la Cour d'appel (1881).
MAVRÉ, avocat à la Cour d'appel, secrétaire (1885).
Eugène **PEREIRE**, président de la Compagnie générale transatlantique (1889).
GAUFRÈS, ancien conseiller municipal (1890).
Ad. **CARNOT**, inspecteur général des mines (1894-1896).

De 1841 à 1896, les présidents de la Commission consultative ont été : MM. **DE GOMBERT**, **THOMAS**, **GOUPIL** et **DUCREY**. Le président actuel est M. **MARGUERIE**. Démissionnaire en 1889, pour raison de santé, M. **FRANCK** a été nommé président honoraire le 20 septembre 1890.

CENSEURS

MM. **BÉBIAN** (30 avril 1819-janvier 1821).
VAÏSSE [Léon] (23 décembre 1859-1866).
VALADE [Remi] (23 octobre 1866-16 août 1875).
VALADE-GABEL [André] (10 mai 1877-31 décembre 1885).
DUBRANLE [Augustin], censeur actuel, en fonction depuis le 1er janvier 1886.

COMPTABILITÉ

ET SERVICE INTÉRIEUR

AGENTS GÉNÉRAUX

MM. **L'abbé MAUCLERC** (1800).
DE SAINT-MARTIN DES ISLETS (1819-1820).
Baron KEPPLER (1820-1832).

AGENTS COMPTABLES

MM. **MÉTOYEN.**
BIDEAUT (1832-1833).
WION (1833-1835).
HUZARD, agent comptable intérimaire (mai 1835).
COUPART, agent comptable provisoire (1835).
LAFFON DE LADEBAT (1835-1842).
COUPART (1842-1843).
NAU-BEAUPRÉ (1843-1870).

RECEVEURS

MM. **MARTIN** [Jules] (1er janvier 1870-31 décembre 1872).
GERVAIS (1er janvier 1873-30 septembre 1881)

MM. **DE MONDENARD** (1er octobre 1881-30 novembre 1885).
DELABARRE (1er décembre 1885-30 novembre 1895).
ASTIER, receveur actuel, en fonction depuis le 1er décembre 1895.

Jusqu'en 1870, l'agent comptable remplit les fonctions de receveur.

ÉCONOMES

M. **MASSET** (1791-1794).
Mlle **SALMON** (1810-juillet 1832).
MM. **BARBARAND** (30 novembre 1869-31 mai 1873).
CAMBON DE LAVALETTE (1er juin 1873-9 septembre 1881).
THOMAS, économe actuel, en fonction depuis le 9 septembre 1881.

De 1832 à 1870, l'agent comptable remplit les fonctions d'économe.

MÉDECINS EN CHEF

M. le docteur **ITARD** (1800-1838).
— **MÉNIÈRE** (31 août 1838-7 février 1862).
— **BLANCHET** (19 février 1862-21 février 1867).
M. le docteur **LADREIT DE LACHARRIÈRE**, médecin actuel, en fonction depuis le 25 février 1867.

AUMONIERS

M. l'abbé **MONTAIGNE** (août 1823-novembre 1824).
— **LEFORESTIER** (janvier 1832-avril 1854).
— **LAMBERT** (juillet 1854-juillet 1879).

L'aumônier actuel est M. l'abbé **GOISLOT**, en fonction depuis le 1er juillet 1879.

BIENFAITEURS ET BIENFAITRICES
DE L'INSTITUTION

DONATIONS ET LEGS

1833. — Donation temporaire de M. le duc **DE DOUDEAUVILLE**. — Cent francs accordés, sa vie durant, à la sourde-muette qui aura mérité le prix d'excellence.

1867. — Donation de Mlle **BLANCHET**; hommage rendu à la mémoire de M. Alexandre-Louis-Paul Blanchet, son frère, en son vivant docteur en médecine, médecin en chef de l'Institution impériale des Sourds-Muets de Paris, et pour réaliser un désir manifesté par lui.

Un titre de rente 3 pour 100 au porteur sur l'État français de 500 francs, n° 14874, dont les arrérages annuels, à partir du 1er juillet 1867, sont destinés à former chaque année quatre prix, dont l'un de 200 francs et les trois autres de 100 francs, qui seront remis à quatre élèves sortant de l'Institution après avoir achevé leurs études. Le montant de ces quatre prix, qui seront délivrés chaque année par le directeur le jour de la distribution des prix, au nom et en mémoire de M. le docteur Blanchet, devra, sous la surveillance du directeur, être immédiatement employé par les bénéficiaires à l'achat d'instruments de travail en usage dans la profession que déclarera vouloir adopter chaque élève sortant.

1821. — L'abbé **MAUCLERC**. — Rente annuelle et perpétuelle de 100 francs, pour achat de livres d'instruction et de piété. Ces 100 francs doivent être distribués, chaque année, à titre de récompenses et d'encouragement.

1821. — Mme **FOUQUET**, née Lepecq. Rente annuelle et perpétuelle de 100 francs. Cette somme devra être remise, chaque année, à l'élève qui en aura été jugé le plus digne par sa bonne conduite.

1831. — Legs, par Mme **VIGNETTE**, de trois fermes. Une a été vendue 187,413 fr. 58 en 1862, une autre 131,301 fr. 38 en 1863. La troisième est louée.

Ce legs a été fait sous la condition que la maison des sourds-muets serait obligée d'élever et d'instruire 7 enfants de l'un et de l'autre sexe.

1834. — Legs, par Mme **MONGROLLE**, née Lepecq, d'une rente annuelle et perpétuelle de 600 francs, pour être donnée en prix aux élèves les plus méritants.

1834. — Legs de 1,200 francs par Mlle **COTET**.

1838. — Don, par M. le docteur **ITARD**, d'une rente annuelle et perpétuelle de 8,000 francs, pour la création d'une classe d'instruction complémentaire.

Don, par le même, d'une rente annuelle et perpétuelle de 392 francs pour achat d'outils à donner aux enfants pauvres quittant l'Institution.

1839. — Mme DROUARD DE BOUSSET, 50 francs de rente.

1858. — Don, par Mme BUDIN, d'une rente annuelle et perpétuelle de 3,000 francs pour la fondation de 4 bourses à l'Institution, plus 1,500 francs une fois payés.

1858. — Mme LAUSSAT-JENNINGS. Don d'une somme de 1,098 fr. 58.

1858. — Don de 10,000 francs par Mme WATTEBLED.

1863. — Don d'une somme de 400 francs par Mlle BONTE.

1868. — Don, par M. MASSON, de 1,197 fr. 16.

1868. — Legs, par M. DE SAINT-MARTIN, de 1,000 fr. de rente 3 pour 100, pour la création d'une bourse entière avec trousseau.

1870. — Don, par Mme veuve BONNAURE, d'une somme de 10,000 francs.

1872. — Don, par M. ROUZEAU-MONTAUT, d'une somme de 6,000 francs.

1877. — Legs, par Mlle MEUNIER, de 330 francs de rente, pour payer chaque année le trousseau d'un sourd-muet pauvre.

1878. — Don, par M. **GOUPIL**, d'une somme de 10,000 francs.

1881. — Don, par Mlle **BOUHEY**, d'une somme de 5,000 francs.

1884. — Legs, par M. **MOROT**, d'une rente destinée à la fondation, à perpétuité, d'une bourse avec trousseau en faveur d'un jeune sourd-muet indigent.

1886. — Legs, par M. **BERTHIER**, de livres et objets mobiliers.

1886. — Legs, par M. **VINAS**, d'une somme de 40,000 fr.

1886. — Legs, par M. **HAUTMONT**, d'une somme de 2,000 francs.

1889. — Don, par Mlle **GAUDEFROY**, d'une somme de 500 francs.

1895. — Legs de 50,000 francs, par Mme **la marquise de PLEUMARTIN**.

FIN DE LA NOTICE.

MUSÉE UNIVERSEL DES SOURDS-MUETS

CATALOGUE SOMMAIRE

RÉDIGÉ

PAR M. THÉOPHILE DENIS

CHEF DE BUREAU HONORAIRE AU MINISTÈRE DE L'INTÉRIEUR

CONSERVATEUR DU MUSÉE

CHEVALIER DE LA LÉGION D'HONNEUR

OFFICIER DE L'INSTRUCTION PUBLIQUE

PREMIÈRE ÉDITION

1896

AVANT-PROPOS

Depuis l'année 1875, il existait à l'Institution nationale des sourds-muets de Paris une *galerie* composée de quelques objets d'art et tableaux manuscrits se rapportant exclusivement à l'histoire de cet établissement.

L'intérêt que présentait déjà une collection de cette nature, même dans ces proportions restreintes, inspira, en 1890, la pensée de lui donner plus d'extension. On résolut alors d'appliquer aux établissements de sourds-muets du monde entier ce qui n'avait été réalisé jusque-là que pour la seule Institution de Paris.

C'est ainsi que fut fondé le *Musée universel des sourds-muets*.

L'organisation en fut confiée à M. Théophile Denis, chef de bureau honoraire au ministère de l'intérieur, qui a trouvé en M. le professeur Auguste Boyer un dévoué collaborateur.

Par la nature de ses éléments, répartis en deux sections principales, ce musée se présente avec un double caractère : il est *historique*, il est *artistique*.

La section historique embrasse tout ce qui peut servir à

constituer en quelque sorte une histoire illustrée de l'art d'instruire les sourds-muets ; elle comprend :

1° Les vues et plans, ensemble et détails, des bâtiments des écoles de sourds-muets ;

2° Les portraits de fondateurs, directeurs, professeurs, administrateurs et bienfaiteurs d'institutions de sourds-muets ;

3° Les portraits de tous personnages (écrivains, philosophes, médecins, hommes politiques, etc.) se rattachant, depuis l'antiquité jusqu'à nos jours, soit par des écrits, soit par des actes, à l'histoire de l'art d'instruire les sourds-muets ;

4° Les portraits des sourds-muets distingués dans les lettres, les arts, les sciences, etc. ;

5° Les objets divers : médailles, estampes, ouvrages illustrés, curiosités de tous genres se rapportant aux sourds-muets.

La section artistique réunit des œuvres de sourds-muets artistes : statuaires, peintres, graveurs, lithographes, architectes, ciseleurs, photographes, etc.

Le caractère et l'utilité de ce Musée ont été exactement définis par un écrivain qui venait de le visiter.

« Ce Musée, dit-il, ne vise pas à composer un simple spectacle pour les yeux. Ses prétentions sont plus élevées : il a un but humanitaire. Par ses témoignages tangibles et matériels, par une histoire illustrée et séduisante, il tend à rendre ce double service : détruire l'ignorance et les préjugés des uns ; rendre la place qui leur est due dans la société aux victimes de cette ignorance et de ces préjugés. »

Le présent catalogue est surtout une nomenclature des objets composant actuellement le Musée. Il pourra être publié ultérieurement un catalogue plus étendu, dans lequel entreront des notices nombreuses et détaillées.

Ce dernier travail est assez avancé pour que le manuscrit puisse en être mis sous les yeux des personnes qui désireraient le consulter.

Un certain nombre d'objets portés au Catalogue, lequel est en même temps un inventaire de toutes les œuvres d'art disséminées dans l'Institution nationale, ne se trouvent pas dans la galerie plus spécialement affectée au Musée. Le public peut les voir dans les divers locaux où ils sont placés.

En prévision de l'accroissement du Musée et pour éviter les inconvénients d'un remaniement du numérotage, lorsqu'il paraîtra une autre édition du Catalogue, on a attribué à chaque section ou subdivision un nombre de numéros supérieur à celui des objets qu'elle comprend effectivement.

ABRÉVIATIONS

Br.	*Bronze.*
Gr.	*Gravure, gravé.*
Héliog.	*Héliogravure, phototypie, ou tout autre procédé analogue de reproduction.*
Lith.	*Lithographie.*
M.	*Mort.*
M. H.	*Mention honorable.*
Méd.	*Médaille.*
N.	*Né.*
N. S.	*Non signé.*
Phot.	*Photographie.*
Pl.	*Plâtre.*
Repr.	*Reproduction.*
S.-M.	*Sourd-muet, sourde-muette.*
T.	*Toile.*
V.	*Voir.*

CATALOGUE SOMMAIRE

I

INSTITUTIONS DE SOURDS-MUETS

VUES GÉNÉRALES ET PARTIELLES DES BATIMENTS

PLANS

INSTALLATIONS INTÉRIEURES ; CLASSES ET SERVICES DIVERS

FRANCE

INSTITUTION NATIONALE DE PARIS

1. **Maison de l'abbé de l'Épée,** par Félix Martin. Dessin à la plume. (Cette maison, dans laquelle l'abbé de l'Épée a ouvert en 1760 la première école publique pour les sourds-muets, est considérée comme le berceau de l'Institution nationale de Paris. Elle était située rue des Moulins, n° 14, et a été démolie en 1776.)
2. **Maison de l'abbé de l'Épée,** par Martial. Gr.
3. **Maison de l'abbé de l'Épée,** par Champion, d'après Regnier. Lith.
4. **Maison de l'abbé de l'Épée,** d'après Martial. Héliog.
5. **Maison de l'abbé de l'Épée.** Petit plan indiquant l'emplacement occupé par cette habitation.
6. **Maison de l'abbé de l'Épée** (Plaques commémoratives de la). Inscriptions des deux plaques en marbre posées sur l'im-

meuble de la rue Thérèse faisant face au tronçon restant de la rue des Moulins.

7. **Couvent des Célestins** par E. Ollivier, d'après J. Bouchet. Gr. (Cet ancien couvent a été occupé par les sourds-muets du 1er septembre 1790 au 1er avril 1794.)

8. **Séminaire de Saint-Magloire,** occupé actuellement par les sourds-muets et dans lequel ils sont installés depuis le 1er avril 1794. *Fac-simile* au lavis d'une plaque de plomb portant la date de 1643 et trouvée sous la première pierre qui fut posée lors de la construction du bâtiment principal.

9. **Séminaire de Saint-Magloire.** Plan de l'église détruite par l'incendie en 1817.

10. **L'abbé Sicard à Saint-Magloire.** Extr. des *Habitations des personnages célèbres.* Lith.

11. **Vue d'anciens bâtiments** dépendant de l'Institution nationale par Pépin, 1838. Lith. (Ces bâtiments, qui ont été occupés par des sourdes-muettes, étaient situés à l'angle des rues d'Enfer et des Deux-Églises; ils ont été démolis en 1840.)

12. **Vue des mêmes bâtiments,** par Huc. Lith.

13. **Ancien atelier de lithographie.** Lith.

14. **Ateliers** par M. Dumont-Valiquet. Original d'un dessin publié par le *Magasin pittoresque.*

15. **Ancienne salle des exercices** par Marlet. Lith.

16. **Ancienne salle des exercices** par Marlet. Lith. (Cette estampe représente la salle telle qu'elle était le jour où Pie VII assista à une séance de l'abbé Sicard.)

17. **Salle des exercices actuelle,** par Janet. Gr.

18. **Projet d'agrandissement** de l'Institution. Plan approuvé par Chaptal, ministre de l'intérieur, en nivôse an X. Ce projet n'a été mis à exécution qu'à partir de 1823.

19. **Plan général** de l'Institution, projet d'un nouveau classement des élèves, par Philippon, architecte (20 mars 1862).

20-26. **Sept plans,** par Philippon : coupe longitudinale; plan général; rez-de-chaussée; 1er, 2e, 3e et 4e étages.

27-30. **Quatre plans.** Plan général, Rez-de-chaussée, 1er et 2e étages; extrait des *Monographies des établissements généraux de bienfaisance,* 1867.

31. **Transfert de l'Institution** à Colombes. Série de plans concernant ce projet et dressés, en 1867, par l'architecte Monge.

32. **Vue des bâtiments,** côté de la cour, par de Widerkehr, 1848. Lith.

33. **Vue des bâtiments**, côté du jardin, par de Widerkehr, 1848. Lith.
34. **Vue du jardin,** par A. Huguenin, 1888. T.
35. **Vue du jardin,** par Burgers. T.
36. **Vue du jardin,** par Vathaire. Aquarelle.
37. **Vue du jardin.** Phot.
38. **Vue du jardin,** par Rougeron. Gr.
39. **Bâtiment central,** façade sur le jardin. Fusain.
40. **Vue des bâtiments,** façade intérieure, terrasse et jardin, par A. Colas. Lith.
41. **La cour d'honneur.** Phot.
42. *Même vue,* par Rougeron. Gr.
43. *Même vue,* réduite. Gr.
44-51. **Huit vues intérieures.** Chapelle, réfectoire, salle des exercices, piscine, cuisine, infirmerie, jardin, clinique otologique. Phot.
52. **L'Institution** à l'Exposition universelle de 1889, projet d'installation par M. Camut, architecte.
53. **Pavillon de l'Institution** à l'Exposition de 1889. Vue intérieure. Phot.
54. **Autre vue** du même pavillon. Phot.
55. **L'orme de l'Institution,** avec vue de la cour d'honneur. Fusain.
56. **L'orme de l'Institution,** avec notice. Gr.
57. **Vue à vol d'oiseau** de l'Institution, par A. Colas, avril 1894. Lith.
58. *Même vue.* Dessin original de la précédente.
59. **Vue de l'Institution,** par Borojer. Gr.

INSTITUTION NATIONALE DE BORDEAUX

101. **Vue à vol d'oiseau** de l'Institution. Gr.
102. **Même vue.** Lith.
103. **Vue de l'Institution,** façade principale et cour d'honneur. Phot.
104. **Même vue** par Borojer. Gr.
105-106. **Deux plans,** rez-de-chaussée, premier étage.

INSTITUTION NATIONALE DE CHAMBÉRY

126. **Vue de l'Institution.** Gr.
127. **Autre vue.** Phot.
128. **Vue panoramique.** Phot.
129. **Même vue** par Borojer. Gr.

INSTITUTIONS DÉPARTEMENTALES, COMMUNALES ET PRIVÉES

151-153. **Albi.** Trois vues intérieures : classes et ateliers. Phot.

154. **Auray** (Chartreuse d'). Vue d'ensemble. Lith.

155-156. **Besançon** (Saint-Claude, près). École de garçons. Deux vues. Gr. et Phot.

157-158. **Besançon** (Pelousey, près). École de filles. Deux vues. Phot.

159-160. **Bourg.** École de garçons. Deux vues. Gr. et Phot.

161. **Bourg.** École de filles. Vue. Gr.

162-165. **Bourg-la-Reine.** Quatre vues : les bâtiments, le jardin avec groupe d'élèves, autre vue avec la statue de l'abbé de l'Épée, la grande avenue du jardin. Phot.

166-168. **Caen.** Trois vues de l'établissement du Bon Sauveur : les bâtiments; vues intérieures, garçons et filles. Phot.

169-172. **Currière,** Saint-Laurent-du-Pont (Isère). Quatre vues : Currière autrefois, Currière état actuel. Gr. Vues de l'établissement. Phot.

173. **Elbeuf.** Institution Capon. Vue du musée scolaire. Phot.

174-175. **Gramat.** Deux vues. Phot.

176-177. **La Malgrange,** près Nancy (Institution Piroux). Deux vues : les bâtiments et vue avec l'entrée du bosquet. Phot.

178-180. **Laon.** Trois vues des bâtiments. Phot.

181-184. **Lille** (Ronchin). École des garçons. Quatre vues : l'Institution et ses alentours; les bâtiments et la chapelle; la chapelle au fond de l'avenue; vue intérieure avec décoration de fête. Phot.

185-186. **Lille.** École des filles. Deux vues : les bâtiments, extérieur et intérieur. Phot.
187. **Lyon.** Institution Hugentobler. Vue. Lith.
188. **Montpellier.** Plan de l'Institution. Dessin teinté.
189-194. **Nancy** (ancienne Institution Piroux). Six vues : 1828-1850, 1850-1885. Lith.
195-196. **Nantes,** la Persagotière. Deux vues. Gr.
197-198. **Orléans,** Saint-Jean-de-la-Ruelle, garçons. Deux vues. Gr.
199. **Orléans,** filles. Vue. Dessin à la plume.
200-201. **Poitiers,** garçons. Deux vues : Gr. et Lith.
202-204. **Poitiers** (Larnay, près), filles. Deux vues : bâtiments, chapelle. Phot. Une vue à vol d'oiseau. Gr.
205. **Pont-l'Abbé-Picauville.** Vue. Phot.
206. **Rillé-Fougères.** Vue. Dessin à la mine de plomb.
207. **Saint-Brieuc.** Vue. Phot.
208. **Saint-Etienne.** École des garçons. Vue. Phot.
209-210. **Saint-Hippolyte-du-Fort.** Plan général, vue de l'Institution. Deux aquarelles.
211-216. **Saint-Médard-lez-Soissons.** Vue à vol d'oiseau; six petites vues de l'ancienne abbaye de Saint-Médard. Lith.
217. **Tarbes.** Vue. Dessin à l'encre et teinté.
218. **Toulouse.** Vue. Gr.

ÉTRANGER

251. **Aix-la-Chapelle** (Allemagne). Vue. Gr.
252. **Belleville,** Ontario (Canada). Vue. Héliog.
253. **Berchem-Sainte-Agathe** (Belgique). Vue, 1893. Gr.
254. **Bergame** (Italie). Vue, 1894. Phot.
255-256. **Berlin** (Allemagne). Institution royale. Plan, gr. ; vue, phot.
257. **Bouge-lez-Namur** (Belgique). Vue, 1893. Phot.
258. **Breslau** (Allemagne). Vue, 1869. Gr.
259. **Bristol** (Angleterre). Vue, 1894. Gr.
260. **Bruges** (Belgique). Vue, 1836. Lith.
261. **Brünn** (Autriche). Vue, 1868. Gr.
262. **Calcutta** (Inde). Vue avec groupe de maîtres et élèves. Héliog.

263. **Claremont**, près Dublin (Irlande). Vue. Gr.
264. **Cologne** (Allemagne). Plan, 1887. Gr.
265-268. **Colorado** (États-Unis). Quatre vues, 1894. Gr.
269. **Columbus** (États-Unis). Vue, 1895. Gr.
270. **Danville** (États-Unis). Vue, 1867. Gr.
271-274. **Delavan** (États-Unis). Quatre vues, 1895. Gr.
275. **Derby** (Angleterre). Vue, 1894. Lith.
276-277. **Doncaster** (Angleterre). Deux vues. Gr.
278. **Dublin** (Irlande). Vue, 1859. Gr.
279-280. **Edgbaston** (Angleterre). Deux vues, 1824, 1861. Gr.
281. **Exeter** (Angleterre). Vue, 1856. Gr.
282-283. **Faribault** (États-Unis). Deux vues, 1884. Gr.
284. **Fennern** (Russie). Vue avec groupe d'élèves, 1894. Phot.
285. **Flint** (États-Unis). Vue. Gr.
286. **Frédérick** (États-Unis). Vue, 1881. Gr.
287. **Fulton** (États-Unis). Vue, 1895. Gr.
288-289. **Gênes** (Italie). Deux vues, 1893. Phot.
290. **Glascow** (Angleterre). Vue, 1851. Gr.
291-292. **Groningue** (Hollande). Deux vues. Lith.
293-295. **Hambourg** (Allemagne). Trois vues, 1837, 1893. Gr. et Phot.
296-300. **Hartford** (États-Unis). Cinq vues, 1866, 1891, 1894. Gr.
301. **Indianopolis** (États-Unis). Vue, 1853. Gr.
302-303. **Jacksonville** (États-Unis). Vue perspective. Lith. Autre vue. Héliog.
304. **Kœingsgratz** (Bohême). Vue. Héliog.
305. **Liège** (Belgique). Vue. Lith.
306-307. **Little-Rock** (États-Unis). Deux vues, 1891. Gr.
308. **Liverpool** (Angleterre). Vue, 1850. Gr.
309. **Llandaff** (Angleterre). Vue, 1884. Gr.
310. **Londres** (Angleterre). Asylum. Vue, 1824. Gr.
311-312. **Manchester** (Angleterre). Deux vues, 1841, 1869. Gr.
313. **Marienbourg** (Allemagne). Vue, 1883. Gr.
314. **Melbourne** (Australie). Vue, 1887. Gr.
315-320. **Milan** (Italie). Institut royal. Six vues, 1893. Héliog.
321. **Milan** (Italie). Institut des sourds-muets pauvres de la campagne. Vue et plan, 1893. Lith.
322. **Mile-End**, près de Montréal (Canada). Vue. Gr.
323-324. **Newcastle** (Angleterre). Plan, 1855. Plan de bâtiments en projet. Gr.
325-336. **New-York** (États-Unis). Douze vues et plans, depuis 1828. Gr. et Lith.

337. **Olathe** (États-Unis). Vue, 1886. Gr.

338-357. **Philadelphie** (États-Unis). Vingt vues, 1830 à 1893. Gr.

358-360. **Rio-de-Janeiro** (Brésil). Trois vues, 1887. Gr.

361. **Rome** (Italie). Vue. Gr.

362. **Romney** (États-Unis). Vue, 1831. Lith.

363. **Rotterdam** (Hollande). Vue. Gr.

364. **Schneidemuhl** (Allemagne). Vue. Phot.

365-372. **Sienne** (Italie). Huit vues, 1893. Phot.

373. **Stannton** (États-Unis). Vue, 1871. Gr.

374. **Stockholm** (Suède). Vue. Phot.

375-376. **Strasbourg** (Alsace). Deux vues, 1840. Lith.

377-383. **Talladega** (États-Unis). Sept vues. Héliog.

384. **Tokio** (Japon). Vue, 1889. Phot.

385-394. **Trenton** (États-Unis). Dix vues. Gr. et Lith.

395-396. **Turin** (Italie). Deux vues. Gr.

397-400. **Valence** (Espagne). Quatre vues et groupe d'élèves, 1894. Phot.

401-403. **Vienne** (Autriche). Institution impériale. Trois vues et plans, 1796, 1864. Lith.

404. **Vienne** (Autriche). Institution israélite. Vue et plan, 1867. Gr.

405-420. **Washington** (États-Unis). Seize vues et plans, 1857 à 1895.

421. **Woluwe-Saint-Lambert** (Belgique). Vue. Lith.

422. **Zurich** (Suisse). Vue. Lith.

423. Le Musée universel des sourds-muets possède, en outre, l'ouvrage intitulé : « *Histories of American schools for the deaf* », 1817-1893. Cet important recueil en trois volumes, publié par le « *Volta-Bureau* », à l'occasion du quatrième centenaire de la découverte de l'Amérique, comprend, avec 98 notices, 148 illustrations, parmi lesquelles se trouvent des vues de toutes les institutions de sourds-muets de l'Amérique.

II

PORTRAITS DE L'ABBÉ DE L'ÉPÉE

STATUES, BUSTES, MÉDAILLONS, PEINTURES, DESSINS GRAVURES LITHOGRAPHIES, SCÈNES, IMAGERIE POPULAIRE

501. **Buste** par Deseine, sourd-muet, élève de l'abbé de l'Epée. Ce buste, exécuté en 1786, présenté à l'Assemblée nationale le 30 juillet 1791, a figuré au Salon de 1793; M. Amédée Durand, neveu et héritier de Deseine, l'a offert à l'Institution nationale le 27 avril 1849. Pl.
502. **Buste** par Deseine. Réduction du précédent. Pl.
503. **Buste** par Deseine. Même réduction. Pl. teinté.
504. **Statue**, avec bas-reliefs, par Félix Martin, sourd-muet, second prix de Rome, chevalier de la Légion d'honneur. Bronze. Cette statue, offerte à l'État par son auteur, a été érigée dans la cour d'honneur de l'Institution et inaugurée le 14 mai 1879. Elle a figuré au Salon de 1877 et à l'Exposition universelle de 1878.
505. **Statue** par Félix Martin. Esquisse grandeur moitié d'exécution de la précédente; exposée au Salon de 1876. Pl.
506. **Bas-reliefs** de la statue par Félix Martin. Petite maquette. Pl.
507. **Buste** par Aug. Préault, 1841. Pl. Le buste en bronze orne le tombeau de l'abbé de l'Épée à Saint-Roch.
508. **Buste** par Louis Auvray, 1852. Marbre. Ce buste se trouvait dans la cour d'honneur de l'Institution nationale avant l'érection de la statue.

509. *Le même.* Pl.
510. *Le même.* Réduction. Pl.
511. *Le même.* Réduction. Pl. teinté.
512. **L'abbé de l'Épée** instruisant un sourd-muet, par Oliva. Groupe, 1872. Pl. teinté.
513. **Buste** par Bulio. Pl.
514. *Le même.* Réduction. Pl. stéariné.
515. **Buste** par G. Hennequin, s.-m., 1889. Pl.
516. **Statuette** par V. Huguenin. Projet de monument. Maquette terre cuite.
517. **Statuette** par Badiou de la Tronchère. Projet de monument. Maquette terre cuite.
518. **Groupe** par Badiou de la Tronchère. Projet de monument. Maquette terre cuite.
519. **Médaillon**, profil grandeur naturelle, d'après une estampe du temps, par Fernand Hamar, s.-m., 1895. Pl.
520. **Médaillon**, tête de profil, par G. Hennequin, s.-m. Pl. teinté.
521. **Médaillon**, buste de face, par G. Hennequin. Pl.
522. **Médaillon** par Paul Choppin, s.-m. Pl.
523. *Le même.* Pl. bronzé.
524. **Médaillon** par Nini. Terre cuite.
525. **Médaillon**, n. s., d'après Duvivier. Pl.
526. *Le même.* Bois noir durci.
527. **Médaillon**, bronze ciselé, par Louis Eymard, s.-m.
528. **Médaillon** par Cornet, s.-m., de Liège. Pl.
529. **Médaille** br. par B. Duvivier, 1801. Au revers : « Au génie inventeur de l'art d'instruire les sourds-muets dans les sciences et les arts. » Le célèbre graveur a pris pour modèle de l'effigie de l'abbé de l'Épée le portrait gravé par P. Grégoire.
530. **Médaille** (second exemplaire de la précédente). Br.
531. **Médaille**, par Duvivier. Même effigie que la précédente ; au revers : « Offert au Souv. Pont. Pie VII par les administrateurs de l'Institution des sourds-muets, lors de la visite de Sa Sainteté, Paris, 23 février 1805. » Br.
532. **Médaille.** (Un second exemplaire de la précédente.) Br.
533. **Médaille.** (Un troisième exemplaire.) Br.
534. **Médaille** par Borrel. Fait partie de la collection des Hommes utiles à l'Hôtel des monnaies, 1855. Br.
535. **Médaille.** (Un second exemplaire de la précédente.) Br.
536. **L'abbé de l'Épée à Toulouse**, avec le sourd-muet Joseph, dit comte de Solar, par Ponce Camus, 1802. T. — On doit faire remarquer que l'auteur de ce tableau en a pris le sujet

dans son imagination ou tout au moins s'est inspiré d'une scène de la pièce de Bouilly : l'abbé de l'Épée ne s'est jamais rendu à Toulouse.

537. **L'abbé de l'Épée** instruisant ses élèves en présence de Louis XVI, par Gonzague Privat, 1875. T. — Ce sujet est également de pure fantaisie : jamais l'abbé de l'Épée et Louis XVI ne se sont rencontrés.

538. **Les derniers moments de l'abbé de l'Épée,** par Frédéric Peyson, s.-m. T. (Ce tableau a figuré au Salon de 1839 et a été offert par l'auteur à l'Institution de Paris en 1845.)

539. **Une leçon de l'abbé de l'Épée** par Ginouvier, s.-m, d'après une esquisse peinte de Frédéric Peyson, 1891. T.

540. **Portrait** signé L. F. J., 1778. Dessin au crayon, visage teinté.

541. **Portrait** par Paul Grégoire, s.-m., élève de l'abbé de l'Épée; profil dans un médaillon orné d'attributs allégoriques, avec dédicace en latin. 1776. Gr. (Ce beau portrait, dû à un artiste de grand talent, doit être considéré comme la plus fidèle reproduction des traits du célèbre instituteur, qui avait alors soixante-quatre ans.)

542. **Portrait** non signé, dans un médaillon suspendu par un ruban dans les plis duquel on lit cette dédicace : « Viro immortali »; au bas, quatrain et ornements allégoriques. Gr. (Ce curieux portrait du temps nous montre l'abbé de l'Épée coiffé d'un bonnet et plus âgé de dix à douze ans que dans l'estampe précédente.)

543. **Portrait** par Louis Boutelou, s.-m., élève de l'abbé de l'Épée; avec distique. Gr.

544. **Portrait** par Maurin « d'après le buste de Houdon ». Lith. (Nos recherches pour trouver trace du buste de l'abbé de l'Épée par Houdon sont restées infructueuses jusqu'à ce jour.)

545. **Portrait.** Reproduction d'une miniature du temps. Phot.

546. **Portrait** par Aubert, s.-m., d'après Langlois, avec quatrain. Gr.

547. **Portrait,** petite tête de profil, par Aubert, s.-m. Gr.

548. **Portrait** par Boclet, s.-m. Gr.

549. **Portrait** par Claude Wallon, s.-m. Crayon noir.

550. **Portrait** d'après le dessin précédent. Lith. (La pierre lithographique de ce portrait, donnée à l'Institution nationale de Paris par la famille de Claude Wallon, a malheureusement disparu.)

551. **Portrait** par Ginouvier, s.-m., d'après Peyson, s.-m. Lith.
552. **Portrait** par Ginouvier, s.-m., d'après Paul Grégoire. Lith.
553. **Portrait** par Mlle Arbandie, sourde-muette, d'après Houdon. Peinture sur porcelaine.
554. **L'abbé de l'Épée.** Sept dessins au crayon et à la plume attribués à Léon Coignet.
555. **Portrait** par Tony Touillon. Lith.
556. **Portrait** par H. Jacob. Lith.
557. **Portrait** par Maurin, avec *fac-simile* de signature Lith.
558. **Portrait** par L. M. (Maurin). Réduction du précédent. Lith.
559. **Portrait** par Sixdeniers. Gr.
560. *Le même* avec notice. Gr.
561. **Portrait** par Gérard, d'après Fellmann. Gr.
562. **Portrait** par Goulu. Gr.
563. **Portrait** publié par l'abbé Delaplace, d'après une toile peinte. Héliog.
564. **Portrait** par Duvivier. Gr. au trait.
565. **Portrait** par P. Bellefonds. Gr.
566. **Portrait** par Fath. Gr.
567. **Portrait** d'après la médaille de Duvivier. Gr. au trait. (Avec *fac-simile* d'une dédicace écrite sur un livre donné comme récompense par l'abbé de l'Épée à son élève Catherine Dessales, en 1779.)
568. **Portrait** avec la réponse de l'abbé de l'Épée à Joseph II. Gr. impr. Béraud.
569. **Portrait** petit médaillon; impr. Danel, Lille. Lith.
570. **Portrait** par H. Dumont, d'après le dessin de 1778. Gr. Publié par Ad. Belanger.
571. **Portrait** d'après un médaillon de Michaut (des Monnaies). Gr. *id.*
572. **Portrait** d'après une médaille de Borrel. Gr. *id.*
573. **Portrait** d'après Duvivier. Gr. *id.*
574. **Portrait** dans un médaillon encadré. Impr. André.
575. **Portrait** par A. Geille, d'après Peyson. Gr.
576. **Portrait** par Bonneville. Gr.
577. **Portrait** par Le Cerf. Impr. G. Engelmann. Lith.
578. **Portrait** par L. B. Impr. Godard. Lith.
579. **Portrait** d'après Paul Grégoire, par René Hirsch, s. m. Héliog.
580. **Portrait** fig. en pied, plus **Sept scènes** tirées de la *Vie de l'abbé de l'Épée*, par Jattiot, d'après les dessins de Bayolos. Gr.

581. **Portrait** non signé. L'abbé de l'Épée est représenté dans un âge très avancé, à mi-corps, de profil, en robe de chambre. Gr. teintée d'origine allemande.
582. **Portrait** par J. Pofsolwhite, d'après Deseine. Gr. anglaise.
583. **Portrait,** figure entière dans un paysage, par Sasso, d'après Bosio. Gr. italienne.
584. **Portrait** publié à Rio-de-Janeiro. Lith.
585. **Portrait** par Mosé Rigotti, s. m. de Milan. Lith.
586. **Portrait** par Callingworth, d'après Aubert. Gr. américaine.
587. **L'abbé de l'Épée** dans son école, par E. Signol. Lith.
588. **L'abbé de l'Épée** dans son cabinet de travail, par L. Lassalle. Lith.
589. **L'abbé de l'Épée et Joseph II,** par Jules David. Gr.
590. **L'abbé de l'Épée** dans son école, par Jules David. Gr.
591. **L'abbé de l'Épée et les deux sourdes-muettes,** par Bertrand. Vignette.
592. **Portrait** avec alphabet manuel, par Huyot. Gr.
593. **Portrait** avec alphabet manuel, par Aug. Clerc. Gr.
594. **Portrait** avec alphabet manuel. Lith. Pas-Pecquet.
595. **Portrait** avec alphabet manuel. Bordeaux, lith. Jadouin.
596. **Statue,** par Hildibrand, d'après Félix Chartin. Gr. (Cette reproduction présente cette particularité que le mot *Papa* est substitué au mot *Dieu* sur le rouleau que l'instituteur tient de la main gauche. L'auteur de cette substitution ignorait sans doute que le signe dactylologique formé par la main droite de l'abbé de l'Épée représente la lettre D.)
597. **Statue** avec ses bas-reliefs par Aug. Colas, d'après Félix Martin. Lith.
598. **Statue** par Fréd. Régamey, d'après Félix Martin. Lith. coloriée.
599. **Statue,** à Versailles, par Ch. Marville, d'après Michaut (des Monnaies). Lith.
600. **Statue,** à Versailles, par Moynet, d'après Michaut. Gr.
601. **Statue** avec notice au verso, par Revellat, d'après Michaut. Gr.
602. **Tombeau,** à Saint-Roch, par Léon Gaucherel, d'après Préault. Gr.
603. **Tombeau** par René Baudeuf, s.-m. Dessin à la plume. (Ce dessin reproduit l'aspect de la chapelle Saint-Nicolas, dans laquelle se trouve le tombeau, le 23 décembre 1889, jour de la célébration du centenaire de la mort de l'abbé de l'Épée.)
604. **Tombeau** par René Baudeuf, reproduction du dessin ci-dessus. Lith.

605. **Projet de monument funéraire** à l'abbé de l'Épée, par Cochefer. Dessin à l'encre.

606. **Projet de monument** à la mémoire de l'abbé de l'Épée, par Cochefer. Dessin.

607-680. **Soixante-treize portraits** de tous genres.

III

PORTRAITS

DE

FONDATEURS, DIRECTEURS, PROFESSEURS, ADMINISTRATEURS BIENFAITEURS

D'INSTITUTIONS DE SOURDS-MUETS

FONDATEURS, ADMINISTRATEURS, BIENFAITEURS

DE SOCIÉTÉS AYANT POUR BUT L'AMÉLIORATION DU SORT DES SOURDS-MUETS

FRANCE

701. **Alhoy** (Louis), 1755-1826. Directeur de l'Institution nationale de Paris pendant la proscription de Sicard, 1797-1800. Portrait par deux de ses élèves. Lith.

702. **Allibert** (Joseph-Eugène), 1815-1861. Sourd-muet, élève, puis professeur à l'Institution nationale de Paris, de 1843 à 1861. Portrait. Crayon noir.

702 *bis*. **André** (J.). Professeur à l'Institution nationale des sourds-muets de Paris. Auteur, en collaboration avec M. Raymond, d'un *Cours de langue française à l'usage des écoles de sourds-muets*. Portrait. Phot.

702 *ter*. **Bassouls** (Eugène). Professeur à l'Institution nationale de Paris. Traducteur, en collaboration avec M. Aug. Boyer, du livre de Juan-Pablo Bonet : *Reduccion de las letras y Arte para enseñar a hablar los mudos*, premier traité pu-

blié sur l'art d'instruire les sourds-muets. Portrait. Phot.

703-704. **Bébian** (Roch-Ambroise-Augustin), 1789-1839. Instituteur très distingué, censeur des études à l'Institution nationale de Paris sous l'abbé Sicard, dont il était le filleul. A laissé des travaux fort estimés. Portrait en pied et grandeur naturelle par Chassevent. T. — Un autre. Crayon noir.

705. **Bélanger** (Adolphe). Professeur-bibliothécaire à l'Institution nationale de Paris, fondateur-directeur de la *Revue française des sourds-muets*. Portrait. Phot.

706-710. **Berthier** (Jean-Ferdinand), 1803-1886. Sourd-muet de la plus rare distinction, élève, puis professeur à l'Institution nationale de Paris, fondateur de la Société universelle des sourds-muets (Association amicale), promoteur de l'érection du tombeau de l'abbé de l'Épée à Saint-Roch et de sa statue à Versailles. Membre de la Société des gens de lettres, chevalier de la Légion d'honneur. A laissé de nombreux écrits, parmi lesquels les biographies de l'abbé de l'Épée, de l'abbé Sicard et de Bébian. Buste par Félix Martin, s.-m. Bronze. — Le même. Pl. — Un autre portrait. Gr. — Un autre, figure entière. Phot. — Un autre. Phot.

711. **Beulé** (l'abbé André-François), 1766-1839. Fondateur de l'Institution de Nogent-le-Rotrou. Portrait. Lith.

712. **Blanchet** (le docteur Alfred), 1819-1867. Médecin de l'Institution nationale de Paris; a tenté d'universaliser l'éducation des sourds-muets par leur admission dans les écoles d'entendants. A laissé d'intéressants travaux. Portrait. Crayon noir.

713-714. **Bouchet** (le P. Isaac), 1808-1891. Aumônier d'institutions de sourds-muets (Orléans, Lille, Chartreuse d'Auray). S'est dévoué avec ardeur à la cause des sourds-muets. Portrait par J. Vivien. Crayon. — Un autre. Phot.

715. **Bouvier** (Paul), 1829-1879. Directeur de l'Institution de Saint-Hippolyte-du-Fort. Portrait par N. Ginouvier. Lith.

716. **Boyer** (Auguste). Professeur à l'Institution nationale de Paris. Conservateur adjoint du Musée universel des sourds-muets. Collaborateur de la *Revue internationale de l'enseignement des sourds-muets*. — Traducteur, en collaboration avec M. Eug. Bassouls, du livre de Juan-Pablo Bonet : *Reduccion de las letras y Arte para enseñar a hablar los mudos*, premier traité publié sur l'art d'instruire les sourds-muets. Portrait. Phot.

717. **Camau** (Madame Angélique), de la Congrégation des Sœurs

de Nevers. Supérieure-institutrice à l'Institution national des sourdes-muettes de Bordeaux. Portrait. Phot.

718. **Capon** (Louis-Auguste). Sourd-parlant distingué, ancie élève de l'Institution nationale de Paris, fondateur-directeu de l'Institution d'Elbeuf, fondateur-président de l'Associatio fraternelle des sourds-muets de la Normandie, officier d'académie, lauréat de l'Académie française. Portrait. Phot. gr format.

719. **Cavé-Esgaris.** Ancien préfet, directeur de l'Institution nationale de Bordeaux. Portrait. Phot.

720-721. **Chambellan** (Victor-Gomer). Professeur sourd-muet l'Institution nationale de Paris, officier de l'Instructio publique. Portrait. Phot. — Un autre. Héliog.

722. **Champion de Cicé** (Jérôme-Marie), n. 1735. Archevêque garde des sceaux, fondateur de l'Institution nationale d Bordeaux. Portrait. Gr.

723. **Charles** (le P.), 1808-1859. Capucin, conférencier de sourds-muets, fondateur de l'asile des sourds-muets adulte de Lyon. Portrait. Buste par G. Hennequin, s.-m. Pl.

724. **Chauvigné** (Sœur Marie). Cofondatrice et directrice d l'Institution des sourdes-muettes de Besançon. Portrait. Phot

725. **Chazottes** (l'abbé Louis-Guillaume), 1794-1858. Fondateu de l'Institution de Toulouse, instituteur très distingué, laissé des travaux estimés. Portrait. Phot.

726. **Claveau** (Oscar). Inspecteur général honoraire des établis sements de bienfaisance, a rempli, en 1879-1880, plusieur missions à l'étranger, à la suite desquelles la méthode oral a été introduite par le ministre de l'intérieur dans l'ensei gnement des sourds-muets; a été chargé spécialement d l'inspection de cet enseignement. Auteur de travaux impor tants. Portrait. Phot.

727-732. **Clerc** (Louis-Laurent-Marie), 1785-1869 Sourd-mue d'une intelligence supérieure et d'une instruction étendue élève et professeur à l'Institution nationale de Paris, direc teur de l'Institution d'Hartford, collaborateur de Gallaude dans la fondation, en 1817, de cette institution, la premièr qui ait été établie aux États-Unis. Portrait par Aubert, s.-m Gr. — Un autre. Crayon noir. — Trois autres. Gr. (Améri que.) — Monument de Laurent Clerc à Hartford. Gr.

733. **Cochefer** (Joseph), n. 1849. Ancien élève de l'Institutio nationale de Paris, président-fondateur de la Société d'appu fraternel des sourds-muets de France, officier d'académie

lauréat de la Société d'encouragement au bien. Portrait par Victor Colas. Lith.

734. **Comberry**, 1792-1834. Sourd-muet, fondateur des institutions de Saint-Étienne et de Lyon. Portrait, par Boelet, s.-m. Gr.

735. **Cuvier** (Frédéric), 1773-1838. Inspecteur général de l'Université, administrateur de l'Institution nationale de Paris. Portrait, par Alex. Massard. Gr.

735 *bis*. **Danjou** (L.). Professeur à l'Institution nationale de Paris. Collaborateur de la *Revue internationale de l'enseignement des sourds-muets*. Portrait. Phot.

736-737. **Dassy** (l'abbé Louis-Toussaint), 1800-1888. Directeur de l'Institution de Marseille, chevalier de la Légion d'honneur. Portrait. Phot. — Statue par Falguière, élevée à Marseille. Phot.

738. **Debax** (Alexandre). Préfet honoraire, directeur de l'Institution nationale de Paris. Portrait. Dessin au crayon noir par Aug. Colas, s.-m.

739-741. **Degérando** (Marie-Joseph, baron), 1772-1842. Membre de l'Institut, grand officier de la Légion d'honneur, fut un des administrateurs les plus dévoués et les plus compétents de l'Institution nationale de Paris; a publié un volumineux et très remarquable ouvrage : *De l'éducation des sourds-muets*, 1827. Portrait en pied, grandeur naturelle, par L. Durangel. T. — Un autre par Boilly. Lith. — Un autre, réd. du précédent. Gr.

742-742 *bis*. **Denis** (Théophile-Augustin), n. 1829. Chef de bureau honoraire au ministère de l'Intérieur. Conservateur du Musée universel des sourds-muets. Chargé pendant les années 1879-1880 de plusieurs missions à l'étranger, à la suite desquelles la méthode orale a été introduite par le ministère de l'Intérieur dans l'enseignement des sourds-muets. Auteur de nombreux ouvrages sur l'éducation des sourds-muets et sur leurs aptitudes intellectuelles et artistiques. Portraits. Lith.

743. **Deschamps** de Lormeau (l'abbé), 1745-1791. Célèbre instituteur d'Orléans, ayant pratiqué une méthode différente de celle de son illustre contemporain l'abbé de l'Épée; a écrit un ouvrage très estimé : *Cours élémentaire d'éducation des sourds-muets*, 1779. Portrait d'après une ancienne estampe, par Augustin Colas, s.-m. Crayon noir.

743 *bis*. **Deshayes** (le R. P. Gabriel), 1767-1841. Fondateur d'institutions de sourds-muets; réorganisateur de l'Institut des Frères de Saint-Gabriel, spécialement voué à l'instruction des

sourds-muets. Portrait par Maille (Frère Roch), s.-m. Crayon.

744. **Dubranle** (Augustin). Censeur des études et directeur des cours normaux à l'Institution nationale de Paris. Fondateur, avec MM. Dupont et Goguillot, de la *Revue internationale de l'enseignement des sourds-muets*. Portrait. Phot.

745. **Ducrey**, m. 1893. Conseiller maître à la Cour des comptes, président de la commission consultative de l'Institution nationale de Paris. Portrait. Phot.

746. **Dupont** (M.). Professeur à l'Institution nationale de Paris. Fondateur, avec MM. Dubranle et Goguillot, de la *Revue internationale de l'enseignement des sourds-muets*. Portrait. Phot.

747. **Dusuzeau** (Ernest). Sourd-muet bachelier ès sciences, professeur à l'Institution nationale de Paris, officier d'académie. Orateur remarquable. Portrait. Héliog. (Amérique.)

748. **Etcheverry** (Martin), 1814-1895. Directeur de l'Institution nationale de Paris. Portrait. Phot.

749. **Ferrand** (l'abbé Jean), 1731-1815. Disciple de l'abbé de l'Épée, fondateur d'une institution de sourdes-muettes à Chartres. Portrait par J. Aunedouche, d'après une ancienne estampe. Gr.

750. **Franck** (Adolphe), 1809-1893. Membre de l'Institut, membre et président honoraire de la Commission consultative de l'Institution nationale de Paris, président de la délégation du ministère de l'intérieur au Congrès de Milan, a écrit différents rapports sur l'enseignement des sourds-muets. Portrait par Fusch. Lith.

751. **Garnier** (l'abbé). Fondateur en 1840 de l'Institution de Lamballe, transférée en 1856 à Saint-Brieuc. Portrait. Phot. gr. format.

751 *bis*. **Goguillot** (L.), 1859-1890. Professeur à l'Institution nationale de Paris. Fondateur, avec MM. Dubranle et Dupont, de la *Revue internationale de l'enseignement des sourds-muets*. Portrait. Héliog.

752. **Goudelin** (l'abbé). Premier instituteur à l'Institution nationale de Bordeaux, nommé directeur de l'Institution nationale de Paris en mai 1822, démissionnaire au mois de septembre. Portrait d'après un buste appartenant à l'Institution de Bordeaux. Phot.

753. **Goupil** (Louis-Édouard), 1809-1878. Conseiller d'État, président de la commission consultative de l'Institution nationale de Paris ; a légué 10,000 francs à chacune des Institutions de Paris et de Bordeaux. Portrait par Viala. T.

754. **Grimaud** (l'abbé). Directeur de l'Institution d'Avignon. Portrait par Ginouvier. Lith.

754 *bis*. **Grosselin** (Auguste). Créateur de la méthode d'enseignement des sourds-muets connue sous le nom de phonomimie. Portrait. Phot.

754 *ter*. **Grosselin** (E.). Fils du précédent. Propagateur de la méthode créée par son père. Portrait. Phot.

755-756. **Houdin** (Pierre-Auguste), 1823-1889. Fondateur-directeur de l'Institution de Passy-Paris. Portrait par Perrichon. Gr. — Un autre. Phot.

757. **Huriot** (Gustave). Directeur de 1879 à 1885 de l'Institution nationale de Bordeaux. Portrait. Phot.

758-760. **Itard** (le docteur Jean-Marc-Gaspard), 1774-1838. Médecin, de 1800 à 1838, de l'Institution nationale de Paris, à laquelle il a légué 8,000 francs de rente pour fonder une classe d'instruction complémentaire en faveur de six sourds-muets; a laissé d'importants ouvrages sur la surdi-mutité. Portrait par Viala. T. — Un autre. Lith. — Un autre. Crayon noir.

761. **Jamet** (l'abbé Pierre-François), 1762-1845. Recteur de l'Académie de Caen, fondateur des institutions de sourds-muets du Bon-Sauveur. Portrait par Belliard, d'après une peinture de H. Elouis. Lith.

762. **Javal** (Ernest). Ancien préfet, directeur de l'Institution nationale de Paris de 1885 à 1895, directeur honoraire. Portrait. Phot.

763. **Kilian** (Conrad), n. 1823 dans le Wurtemberg, naturalisé Français. S'est livré pendant quarante années (1840-1880) à l'enseignement des sourds-muets par la méthode orale; fondateur en 1856 de l'Institution de Saint-Hippolyte-du-Fort, et en 1860 de l'Institution de Schiltigheim-Strasbourg. Nombreuses publications en français et en allemand. Portrait. Phot.

764. **Ladreit de la Charrière** (le docteur). Médecin en chef de l'Institution nationale de Paris. Portrait. Phot.

765. **Lanneau** (De), m. 1881. Directeur de 1838 à 1859 de l'Institution nationale de Paris. Buste par Elshœct. Pl. teinté.

766. **Larnay** (abbé Ch.-Joseph Chambier de), 1802-1862. Fondateur de l'Institution des sourdes-muettes de Larnay (près Poitiers), à laquelle il a légué la propriété qui porte son nom. Portrait. Gr.

767-768. **Larrouy** (Mlle Pauline). Sourde-muette remarquablement instruite, fondatrice-directrice de l'Institution d'Oloron, officier d'académie. Portrait par René Hirsch, s.-m. Gr. — Un autre. Phot.

769-770. **Laveau** (l'abbé), m. 1869. Directeur de l'Institution d'Orléans; s'est fa[illegible] remarquer par un dévouement sans bornes et une ardente charité. Portrait par Maille, s.-m. (Frère Roch). Crayon. — Un autre avec groupe d'élèves. Phot.

770 *bis*. **Legrand** (Aimé). Professeur à l'Institution nationale de Paris. Collaborateur de la *Revue internationale de l'enseignement des sourds-muets*. Portrait. Phot.

771. **Ligot** (Joachim). Professeur sourd-muet écrivain. Portrait par René Hirsch. Gr.

772-773. **Louis** (Louis-Augustin Caillaud, Frère), 1823-1890, de la Congrégation des Frères de Saint-Gabriel. Directeur de l'Institution départementale de Nantes; a montré d'éminentes qualités comme administrateur et comme instituteur. Portrait. Gr. — Un autre. Phot.

774. **Martin**. Directeur de l'Institution de Saint-Hippolyte-du-Fort. Portrait. Phot.

775-777. **Massieu** (Jean), 1772-1846. Sourd-muet élève de Saint-Sernin et de Sicard; a joui d'une certaine célébrité due à l'abbé Sicard, qui l'employait continuellement, pour ses démonstrations, dans ses séances publiques; répétiteur à l'Institution nationale de Paris, puis directeur des institutions de Rodez et de Lille. Portrait par Roy, 1803. Gr. en couleurs. — Un autre par Aubert, s.-m. Gr. — Un autre. Crayon noir.

778. **Menière** (Docteur Prosper), 1799-1862. Médecin en chef de l'Institution nationale de Paris, de 1838 à 1862; à citer, entre autres ouvrages : *De la guérison de la surdi-mutité et de l'éducation des sourds-muets*. Portrait. Crayon noir.

779. **Mercier** (Émile). Président-fondateur de l'*Association amicale des sourds-muets de la Champagne* et président du *Cercle Abbé de l'Épée*, à Reims. Portrait. Phot.

780. **Meunier** (Mlle Marie-Jeanne-Thérèse), 1806-1877. Sourde-muette, enfant trouvée, élève, puis maîtresse d'ouvrage de l'Institution nationale de Paris, à laquelle elle a légué 741 francs de rente, fruit de ses économies, c'est-à-dire de ses longues et persévérantes privations. Cette pauvre fille, modèle de toutes les vertus, fait grand honneur à la maison de l'abbé de l'Épée. Portrait par Viala. T.

781. **Montmorency** (Mathieu-Jean-Félicité, comte de), 1760-

1826. Pair de France, ministre, de l'Académie française, administrateur de l'Institution nationale de Paris. Portrait par Lenoir, s.-m. D'après Caminade. T.

782. **Morel** (Édouard), 1805-1857. Professeur à l'Institution nationale de Paris, 1825-1850; directeur de l'Institution nationale de Bordeaux, 1850-1857; rédacteur des *Circulaires de l'Institut royal des sourds-muets de Paris,* adressées aux institutions de l'Europe et de l'Amérique, 1827-1832; fondateur des *Annales de l'éducation des sourds-muets et des aveugles,* 1844-1850. Portrait. Crayon noir.

783. **Orsoni** (Jean-Dominique), 1826-1884. Professeur sourd-muet à l'Institution nationale de Paris. Portrait. Phot.

783 *bis*. **Pautré** (J.-D.). Professeur à l'Institution nationale de Paris. Collaborateur de la *Revue internationale de l'enseignement des sourds-muets*. Portrait. Phot.

784-785. **Paulmier**, 1776-1844. Instituteur adjoint, sous l'abbé Sicard, à l'Institution nationale de Paris; on lui doit quelques publications. Portrait d'après un dessin de Planat. Lith. — Un autre. Crayon noir.

786. **Pelissier** (Pierre), m. 1863. Sourd-muet, élève de l'Institution de Toulouse, professeur à l'Institution nationale de Paris, auteur d'un volume de poésies. Portrait. Crayon noir.

787-790. **Péreire** (Jacob-Rodrigues), 1715-1780. Célèbre instituteur qui, le premier en France, pratiqua l'enseignement des sourds-muets par la méthode orale; il obtint des succès qui lui valurent les éloges de l'Académie des sciences, à laquelle il présenta plusieurs de ses élèves en 1749 et 1751. *Péreire exerçant à la parole Mlle Marois*, par Lenepveu. T. — Portrait par Hidderich. Gr. — *Péreire enseignant les sourds-muets,* par Viollat, d'après un bas-relief de Chatrousse. Gr. — *Fac-simile* d'un dessin du bas-relief ci-dessus. Gr.

791. **Pernet** de Foncine (l'abbé Claude-Ignace), 1741-1822. Disciple de l'abbé de l'Épée, fondateur d'institutions à Lons-le-Saunier et à Besançon. Portrait. Lith.

792. **Peyron** (le Dr). Directeur de l'Institution nationale de Paris de 1880 à 1885. Portrait. Phot.

793-796. **Piroux**, 1803-1884. Instituteur de grand talent et d'un zèle infatigable, passa deux ans à l'Institution de Paris comme aspirant professeur; il fonda en 1828 l'Institution de Nancy, qu'il dirigea pendant cinquante-sept ans et qui jouit d'une légitime réputation; écrivain abondant, il a laissé un nombre considérable de brochures et a publié l'*Ami des sourds-muets*, journal qui vécut cinq ans. Médaillon, profil grandeur nature, par G. Hennequin, son élève. Pl. teinté. — Petit médaillon, par le même. — Buste, par le même. — Phot. gr. format.

796 *bis*. **Raymond** (H.). Professeur à l'Institution nationale de Paris. Auteur, en collaboration avec M. André, d'un *Cours de langue française à l'usage des écoles de sourds-muets*. Portrait. Phot.

797. **Richardin** (Claude-Joseph), n. 1810. Doyen des professeurs sourds-muets, a professé pendant cinquante-sept ans à l'Institution Piroux, de Nancy; a publié quelques ouvrages. Portrait par J. Thouvenin. Gr.

798-799. **Rieffel** (l'abbé). Directeur de l'Institution nationale de Chambéry, missionnaire apostolique des sourds-muets. Portrait par Ginouvier. Lith. — Un autre par Henri Fortin. Gr.

800. **Rivière** (Paul), 1842-1890. Professeur d'horticulture à l'Institution nationale de Paris, chevalier du Mérite agricole. Ce maître distingué a publié un excellent ouvrage : *Manuel de jardinage et d'agriculture à l'usage des institutions de sourds-muets et des écoles primaires*. Portrait. Phot. gr. format.

801. **Rouzot** (Sœur), m. 1858. Fondatrice de l'Institution des sourdes-muettes de Besançon. Portrait. Phot.

802-805. **Saint-Sernin** (Jean), 1741-1816. Succéda en 1790 à l'abbé Sicard dans les fonctions d'instituteur en chef de l'Institution de Bordeaux. Bien que l'Institution nationale de Bordeaux ait été créée sous l'inspiration de Champion de Cicé, avec Sicard comme instituteur en chef, Saint-Sernin peut en être considéré comme le véritable fondateur : c'est lui qui l'organisa, qui la soutint de ses ressources personnelles dans ses débuts difficiles et qui assura son existence par un zèle admirable et le sacrifice de sa fortune. Portrait par Salomon. T. — Un autre d'après un dessin de Salomon. Lith. — Un autre d'après Salomon. Lith. — Un autre par Boclet, s. m. Gr.

806. **Salvan** (l'abbé Antoine), 1755-1838. Disciple de l'abbé de l'Épée; deuxième instituteur, sous Sicard, de l'Institution de Paris; fondateur d'une institution à Riom. Portrait. Crayon noir.

807-843. **Sicard** (l'abbé Roch-Ambroise-Cucurron), 1742-1822. Célèbre disciple de l'abbé de l'Épée, d'abord instituteur en chef de l'Institution de Bordeaux, en 1786, puis premier instituteur de l'établissement de Paris, le 1er avril 1790, succédant à l'abbé Masse, que la Commune de Paris avait nommé provisoirement successeur de l'abbé de l'Épée. Sicard a dirigé l'Institution nationale jusqu'à sa mort, 10 mai 1822. Il doit surtout sa célébrité aux séductions de son éloquence, au talent vraiment supérieur avec lequel il exposait dans les séances publiques les principes et les procédés de son enseignement. Sous sa direction, l'École de Paris a formé quelques brillants élèves; nous citerons particulièrement Laurent Clerc et Ferdinand Berthier. Les honneurs n'ont pas manqué à Sicard : chanoine honoraire de l'Église de Paris, membre de l'Académie française, etc., il était décoré de la Légion d'honneur et d'ordres étrangers. Sicard a publié de nombreux ouvrages, entre autres : *Cours d'instruction d'un sourd-muet de naissance.* Portrait : Buste par L. Auvray. Marbre. — Le même. Pl. — Le même, réduction. Pl. — Le même. Pl. teinté. — Buste, costume d'académicien, n. s. Pl. teinté. — *Sicard sauvé par l'horloger Monot,* bas-relief par Félix Martin. Pl. — Maquette du bas-relief ci-dessus. — *Monot sauvant l'abbé Sicard,* d'après une toile de Loustau. Gr. — *Sicard au milieu d'un groupe d'élèves* (filles), par Langlois. T. — *Sicard au milieu d'un groupe d'élèves* (garçons), par Langlois. T. — Portrait par Aubert, s. m., avec quatrain. Gr. — Un autre par Noiret, d'après Hesse. Gr. — Un autre par Massard père, d'après Le Cerf, avec quatrain. Gr. — Un autre par Gaucher, avec quatrain. Gr. — Le même, avec distique. Gr. — Un autre par Roy, médaillon au physionotrace. Gr. — Un autre par Roy, ovale au physionotrace, avec quatrain. Gr. — Un autre par Bonneville. Gr. — Un autre par Jul. Boilly. Lith. — Un autre, petit profil, par Aubert, s.-m. Gr. — Un autre par Boelet, s.-m. Gr. — Un autre par Ph. Le Roy. Gr. — Un autre par Réveil. Gr. au trait. — Un autre par Mariage. Gr. — Un autre par H. Garnier. Lith. — Douze autres portraits.

844. **Terninck** (le chanoine), 1807-1888. Directeur et bienfaiteur de l'Institution d'Arras. Portrait par R. Hirsch. Gr.

845-846. **Théobald** (Nicolas-Joseph), 1839-1893. Professeur sourd-muet à l'Institution nationale de Paris, officier de l'instruction publique; on lui doit quelques publications pédagogiques bien écrites. Buste par Félix Martin. Terre cuite. — Portrait par René Hirsch. Lith.

846 *bis.* **Thollon** (B.). Professeur à l'Institution nationale de Paris. Collaborateur de la *Revue internationale de l'enseignement des sourds-muets.* Portrait. Phot.

847-848. **Vaïsse** (Auguste-Joseph-Léon), 1807-1884. Directeur de l'Institution nationale de Paris, de 1866 à 1872. Chevalier de la Légion d'honneur. Vaïsse avait d'abord été aspirant répétiteur de 1826 à 1830, époque à laquelle il se rendit en Amérique, où il passa six années à l'Institution de New-York; de retour en France, il rentra dans l'Institution de Paris comme professeur et fut nommé censeur en 1859. Léon Vaïsse compte parmi les plus savants et les plus dévoués instituteurs de sourds-muets. Ses publications sur l'enseignement spécial sont nombreuses et estimées. Portrait par J. Tronc, s.-m. T. — Un autre. Crayon noir.

848 *bis*. **Valade-Gabel** (André). Fils de J.-J. Valade-Gabel. Censeur des études à l'Institution nationale de Paris, de 1877 à 1885. Portrait. Phot.

849-851. **Valade-Gabel** (Jean-Jacques), 1801-1879. Professeur à l'Institution de Paris, directeur de l'Institution nationale de Bordeaux, inspecteur de l'enseignement des sourds-muets, chevalier de la Légion d'honneur. Valade-Gabel, dont le nom est universellement connu dans le monde de l'enseignement spécial, est un des plus célèbres instituteurs de sourds-muets, honoré et estimé de tous, pour l'étendue de son savoir, sa haute compétence, son dévouement professionnel et l'admirable dignité de son caractère. Ses ouvrages, nombreux et précieux, font autorité aussi bien à l'étranger qu'en France; les principaux ont d'ailleurs été traduits en plusieurs langues. Portrait en pied, grandeur naturelle, par Burgers. T. — Portrait par Régamey. Gr. — Un autre, crayon noir.

852. **Valade** (Yves-Léonard-Remi), 1809-1890. Frère du précédent, censeur des études à l'Institution nationale de Paris, chevalier de la Légion d'honneur. A laissé quelques publications estimées. Portrait. Crayon noir.

ÉTRANGER

901. **Adams** (Miss Sarah T.), 1871-1894. Sourde-muette américaine, maîtresse de peinture et de dessin à l'école de jeunes

filles entendantes de Waterbury (États-Unis). Portrait. Héliog.

902. **Araujo-Porto.** Fondateur et bienfaiteur de l'Institution de Porto (Portugal). Portrait. Phot.

903-904. **Arnold** (Rev. Thomas). Fondateur-directeur de l'Institution de Northampton (Angleterre), auteur d'ouvrages très remarquables. Portrait. Héliog. — Un autre. Phot.

905-906. **Assarotti** (Sac. Ottavio Gio. Battista), 1753-1829. Fondateur de l'Institution de Gênes (Italie). Portrait Gr. par G. Pinggio, 1828, d'après Ernesta Bisi. — Un autre. Héliog.

907. **Bagutti** (Sac. Giuseppe), m. 1837. Premier directeur de l'Institution impériale et royale de la Lombardie et Vénétie, à Milan (Italie). Portrait par Prest[illegible]i. Lith.

908. **Balestra** (l'abbé Séraphin), 18[illegible]. Directeur de l'Institution de Côme (Italie), célèbre propagateur de la méthode orale pure. *Balestra instruisant un élève*. Gr.

909. **Ballesteros** (D. Juan Manuel). Directeur du collège des sourds-muets de Madrid (Espagne). Portrait par Vallejo. Lith. d'après Hortigosa.

910. **Barton** (Miss Ellen L.). Directrice de l'Institution de Portland, Maine (États-Unis). Portrait. Héliog.

911. **Bell** (Dr Alexander Graham), de Washington. Inventeur du téléphone, qu'il découvrit en expérimentant, sur des sourds-muets de l'école Horace Mann, de Boston, divers appareils enregistreurs destinés à remplacer la lecture sur les lèvres, qu'il croyait alors impossible, fervent adepte de la méthode orale; lauréat du prix Volta (50,000 francs); décerné par l'Académie des sciences de France, il en abandonna la valeur, en y ajoutant pareille somme au profit de l'Association pour la propagation de la méthode orale en Amérique, maintenant représentée par le Volta-Bureau. Ce généreux bienfaiteur des sourds-muets a épousé une sourde-muette. Portrait. Gr. V., en outre, Keller Helen.

912. **Beran** (P. Jos.). Directeur de l'Institution de Kœnigsgratz (Bohême). Portrait. Phot.

913. **Bessant** (W. S.). Instituteur en chef des écoles de sourds-muets de Manchester (Angleterre). Portrait. Héliog.

914. **Boselli** (l'abbé Louis), 1802-1886, directeur de l'Institution de Gênes (Italie). Portrait. Héliog.

915. **Bourget** (Mgr Ignace). Fondateur de l'œuvre des sourds-muets en Canada. Portrait. Héliog.

916. **Bryden** (James). Instituteur en chef de l'école des sourds-muets de l'Ulster, à Belfast (Irlande). Portrait. Héliog.

917. **Caldwell** (W. A.). Principal de l'Institution de Saint-Augustin, Floride (États-Unis). Portrait. Héliogr.

918. **Carderera y Poto** (D. Mariano), 1816-1893. Membre de la commission de réforme du collège national des s.-m. de Madrid (Espagne), bienfaiteur des sourds-muets. Portrait. Héliog.

919-920. **Carton** (l'abbé Charles-Louis). Fondateur-directeur de l'Institution de Bruges (Belgique), auteur d'ouvrages remarquables. Portrait, avec légende, gr. par D. J. Desvachez. — Le même, sans légende.

921. **Clark** (S. R.). Superintendant de l'Institution de Columbus, Ohio (États-Unis). Portrait. Héliog.

922. **Clarke** (F. D.). Principal, 1885-1892, de l'Institution de Little Rock, Arkansas (États-Unis). Portrait. Héliog.

923. **Cleary** (E. P.). Fondateur de l'école catholique de sourds-muets de Cincinnati (États-Unis). Portrait. Héliog.

924. **Cloud** (Rev. James Henry). Principal de l'Institution de Saint-Louis, Missouri (États-Unis). Portrait avec légende. Héliog.

925. **Codman** (C. C.). Président de la société de sourds-muets « Pas-à-Pas club », Chicago (États-Unis). Portrait. Héliog.

926. **Cogswell** (Mason F.). Promoteur du projet de fonder une école de sourds-muets en Amérique (American asylum). Portrait. Héliog.

927. **Coleman** (T. H.). Fondateur de l'Institution des sourds-muets de la Floride (États-Unis). Portrait. Héliog.

928. **Connor** (Wesley O.). Principal de l'Institution de Géorgie, Cave Spring (États-Unis). Portrait. Héliog.

929. **Coward** (G.). Instituteur en chef de l'école de sourds-muets de Liverpool (Angleterre). Portrait. Héliog.

930. **Crouter** (A. L. E.). Principal de l'Institution de Philadelphie (États-Unis). Portrait. Héliog.

931-932. **Currier** (Enoch Henry). Principal de l'Institution de New-York (États-Unis). Portrait. Héliog. — *Currier's conico-cylindrical conversations club*. Groupe. Gr.

933. **Decoursey**. Fondateur des institutions de sourds-muets de Nebraska et d'Iowa (États-Unis). Portrait. Héliog.

934. **Deitz** (Adolphe). Sourd-muet, administrateur de diverses sociétés de sourds-muets (Belgique), bienfaiteur. Portrait. Phot.

935-936. **Delame** (Paul), s.-m. n. 1860. Président de sociétés de sourds-muets, bienfaiteur (Belgique). Portrait gr. par René Hirsch, s.-m. — Un autre. Phot.

937. **Dewaide** (Jacques), 1815-1886. Administrateur de l'Institut de sourds-muets de Liège; bienfaiteur (Belgique). Portrait. Phot.

938. **Doyle** (Thomas F.). Principal de l'Institution de Staunton, Virginie (États-Unis). Portrait. Héliog.

939-940. **Dresse** (Robert), s.-m. Administrateur de diverses sociétés de sourds-muets; bienfaiteur (Belgique). Portrait gr. par René Hirsch, s.-m. — Un autre. Phot.

941. **Dudley** (David C.). Superintendant de l'Institution de sourds-muets de Colorado (États-Unis). Portrait. Héliog.

942. **Durup de Baleine** (Achille-Guillaume), 1817-1885. Préfet des études de l'Institut de Liège, instituteur distingué (Belgique). Portrait. Phot.

943. **Eagleson** (Rev. Mr.). Superintendant de l'Institution d'Ohio (États-Unis). Portrait. Gr.

944. **Elliot** (Dr A.). Instituteur en chef des écoles de sourds-muets à Londres, ancienne route de Kent, et à Margate (Angleterre). Portrait. Héliog.

945. **Ely** (W.). Principal de l'Institution de Frédérick, Maryland (États-Unis). Portrait. Héliog.

Emery (Philip A.). Fondateur de l'Institution d'Olathe, Kansas (États-Unis). Portrait. Héliog.

946. **Fay** (Rev. B. Maynard). Premier superintendant de l'Institution de Flint, Michigan (États-Unis). Portrait. Héliog.

947. **Fay** (Dr Edward Allen). Vice-président du collège Gallaudet, à Washington; écrivain distingué; éditeur de *American Annals of the deaf*. Portrait. Héliog.

948-949. **Fornari**. Directeur de l'école normale à l'Institution royale des sourds-muets de Milan; auteur d'ouvrages remarquables (Italie). Portrait. Phot. grand format. — Un autre. Lith.

950. **Foster** (Joshua). Principal de l'Institution de Philadelphie, 1870-1884 (États-Unis). Portrait. Gr.

951. **Fuller** (Miss Sarah). Directrice de l'Institution Horace Mann, à Boston (États-Unis). Portrait. Héliog.

952-958. **Gallaudet** (Rev. Thomas Hopkins). Fondateur à Hartford, en 1817, de la première institution de sourds-muets en Amérique. Portrait. Gr. — Trois autres. — Statue. Gr. — Deux autres.

959-960. **Gallaudet** (Rev. Thomas). General manager church mission to deaf-mutes; fils aîné du précédent (États-Unis). Portrait. Gr. — Un autre. Héliog.

961-965. **Gallaudet** (Dr Edward M.). Président du collège national des sourds-muets de Washington; frère du précédent (États-Unis). Portrait. Gr. — Trois autres. — Dr Gallaudet in his office. Héliog.

966. **Garcia** (Don Trinidad). Directeur de l'Institution nationale de Mexico (Amérique). Portrait. Héliog.

967. **Garrett** (Miss Emma). Directrice de *The home for the training in speech*, à Philadelphie (États-Unis). Portrait. Héliog.

968. **Gathy** (Sébastien), s.-m., n. 1835. Administrateur d'œuvres concernant les sourds-muets (Belgique). Portrait. Phot.

969. **Geary** (J. H.). Fondateur de l'école de sourds-muets de Cleveland, Ohio (États-Unis). Portrait. Héliog.

970. **Gillespie** (J. A.). Directeur de l'Institution de Nebraska, à Omaha (États-Unis). Portrait. Gr.

971. **Gillett** (Dr Philippe G.). Superintendant de l'Institution de Jacksonville (États-Unis). Portrait. Héliog.

972. **Gourdin** (Louis-Aimé-Achille), n. 1806. Fondateur de l'Institution de Mons, directeur de l'Institution de Namur (Belgique). Portrait. Phot.

973. **Gross** (Henry). Premier président de l'Association des sourds-muets de Missouri (États-Unis). Portrait. Héliog.

974. **Gualandi** (l'abbé César), m. 1886. Fondateur et bienfaiteur de l'Institution de Bologne (Italie). Portrait. Phot.

975. **Guss** (W. E.). Président du Club des sourds-muets de Saint-Louis (États-Unis). Portrait. Héliog.

976. **Guyot** (Dr Henry-Daniel), 1753-1828. Disciple de l'abbé de l'Épée, fondateur de l'Institution de Groningue (Hollande). Portrait gr. par Quenedey.

977-981. **Haerne** (Mgr Désiré-Pierre-Antoine de), 1804-1890. Prélat domestique de Sa Sainteté, fondateur des institutions de Boston-Spa (Angleterre) et de Bombay (Inde), membre de la Chambre des députés (Belgique). Portrait gr. par Sinect. — Trois autres. — Son monument à Courtrai. Gr.

982-986. **Heinicke** (Samuel), 1726-1790. Célèbre instituteur allemand, contemporain de l'abbé de l'Épée, dont il attaqua la méthode; directeur de l'Institution de Leipzig, la première (1778) créée par un gouvernement (Allemagne). Portrait par Aug. Newmann. Gr. — Quatre autres.

987. **Henrion** (Joseph), 1793-1868, s.-m. Instituteur distingué, professeur à l'Institut de Liège (Belgique). Portrait. Phot.

988-989. **Hervas y Panduro** (D. Lorenzo), 1735-1809. Savant Jésuite, instituteur de sourds-muets, auteur de nombreux ouvrages, parmi lesquels *Escuela española de sordo-mudos* (Espagne). Portrait gr. par Jos. Ximeno, d'après Domin. Cordelli, Rome, 1795. — Un autre. Lith. d'après Carolina Kauffmann.

990. **Hill** (C. H.). Principal de l'Institution de la Virginie, à Rommey (États-Unis). Portrait. Héliog.

991. **Hill** (Frédéric-Maurice), 1805-1874. Premier maître et inspecteur de l'Institution de Weissenfels, auteur d'ouvrages estimés (Allemagne). Portrait. Lith.

992-993. **Hirsch** (David), 1813-1895. Fondateur et instituteur en chef de l'Institution de Rotterdam (Hollande). Portrait. Phot. — Un autre. Lith.

994. **Hitz** (Miss Gertrude). Maîtresse à l'école Graham Bell, à Washington (États-Unis). Portrait. Héliog.

995. **Holland** (W. H.). Superintendant de l'Institution de d'Austin, Texas (États-Unis). Portrait. Héliog.

996. **Hoofgard** (Elias). Directeur de l'Institution d'Hamar (Norvège). (V. Kaata.)

997. **Howard** (James). Instituteur en chef de l'Institution de Doncaster (Angleterre). Portrait. Héliog.

998. **Jenkins** (Weston). Superintendant de l'Institution de Trenton, New-Jersey (États-Unis). Portrait. Héliog.

999. **Johnson** (Joseph H.). Principal de l'Institution de Talladega, Alabama (États-Unis). Portrait. Héliog.

1000. **Johnson** (Richard Otto). Superintendant de l'Institution d'Indianapolis (États-Unis). Portrait. Héliog.

1001. **Jones** (B. P.). Directeur de l'Institution d'Exeter (Angleterre). Portrait. Héliog.

1002. **Jones** (Mrs). Institutrice à l'Institution d'Exeter (Angleterre). Portrait. Héliog.

1003. **Jones** (W.). Instituteur en chef de l'école de sourds-muets de Victoria (Australie). Portrait. Héliog.

1004. **Kendall** (W. A.). Superintendant de l'Institution d'Austin, Texas (États-Unis.) Portrait. Héliog.

1005-1006. **Kerr** (W. D.). Fondateur de l'Institution de Missouri, à Fulton, et superintendant de 1851 à 1889 (États-Unis). Portrait. Gr. — Un autre.

1007. **Kerr** (Mrs Susan). Maîtresse à l'Institution de Missouri de 1851 à 1872 (États-Unis). Portrait. Héliog.

1008. **Kingham** (Rev. John). Principal de l'Institution de l'Ulster, à Belfast (Irlande). Portrait. Héliog.

1009. **Knapp** (Frédéric), du Wurtemberg. Fondateur de l'école

Knapp à Baltimore, Maryland (États-Unis). Portrait. Héliog.

1010. **Knight** (Rev. P. J.). Principal de l'Institution de Jalem, Orégon (États-Unis). Portrait. Héliog.

1011. **Lagorce** (l'abbé). Premier directeur, 1848-1856, de l'Institution catholique des sourds-muets pour la province de Québec, Aule-End, Montréal. Portrait. Héliog.

1012. **Lange** (Paul). Principal de l'Institution d'Evansville, Indiana (États-Unis). Portrait. Héliog.

1013. **Larson** (Lars). Fondateur de l'Institution de Santa-Fé [Nouveau-Mexique] (États-Unis). Portrait. Héliog.

1014. **Lawrence** (Robert). Fondateur de l'Institution de la Nouvelle-Orléans (États-Unis). Portrait. Héliog.

1015. **Lobo** (Dr Luiz). Premier directeur de l'Institution Araujo-Porto (Portugal). Portrait. Phot.

1016. **Mac Elroy** (William). Président de la Société des sourds-muets de Baltimore (États-Unis). Portrait. Héliog.

1017. **Mac Gregor** (R.P.). Fondateur de l'Institution de Cincinnati (États-Unis). Portrait. Héliog.

1018. **Marchio** (le P. Henri), 1836-1882. Instituteur distingué, professeur à l'Institution de Sienne (Italie). Portrait au crayon noir par G. Martelli, s.-m.

1019. **Marie Theodorowna** (Impératrice). Fondatrice en 1806 de la première institution de sourds-muets en Russie, à Saint-Pétersbourg. Portrait. Gr.

1020. **Mathison** (R.). Superintendant de l'Institution de Belleville [Ontario] (Canada). Portrait. Héliog.

1021. **Matthias** (Dr). Directeur de l'Institution de Friedberg (Hesse), fondateur et rédacteur de l'*Organ fur Taubstummen* (Allemagne). Portrait. Phot.

1022. **Minsart** (l'abbé Nicolas-Joseph), 1769-1838. Fondateur d'une Institution à Namur (Belgique). Portrait. Phot. d'après une peinture.

1022 *bis*. **Monaci** (l'abbé Silvio). Vice-directeur de l'Institution royale des sourds-muets de Gênes. Portrait. Lith. Un autre. Phot.

1023. **Noyes** (Dr J.-L.). Superintendant de l'Institution de Faribault [Minnesota] (États-Unis). Portrait. Héliog.

1024. **Nuboer** (Francis). Président de la Ligue des sourds-muets de la ville de New-York (États-Unis). Portrait. Héliog.

1024 *bis*. **Panario** (l'abbé G.). Directeur de l'Institution royale des sourds-muets de Gênes. Portrait. Lith.

1025. **Patterson** (Robert). Président du conseil d'administration de l'Association de l'Ohio (États-Unis), principal de l'Institution de Columbus. Portrait. Héliog.

1026. **Payne** (B. H.). Principal de l'Institution Cambrian pour les sourds-muets, à Iwansea (Angleterre). Portrait. Héliog.

1027. **Peckmezian** (H.). Sourd-muet arménien, s'instruisit aux écoles de Paris et de Nancy, professa dans diverses Institutions et fonda l'Institution de Constantinople. Portrait. Héliog.

1028. **Peet** (Dr Harvey Prind et Dr Isaac L.) père et fils. Instituteurs remarquables, directeurs de l'Institution de New-York (États-Unis), bienfaiteurs. Double portrait. Gr.

1029. **Pelliccioni** (le P. Louis), m. 1887. Directeur de l'Institution Pendola à Sienne (Italie). Portrait au crayon noir par G. Martelli, sourd-muet.

1030. **Pendola** (le P. Thomas), 1800-1882. Célèbre instituteur, fondateur de l'Institution de Sienne, dénommée Institution Pendola (Italie). Portrait au crayon noir par G. Martelli, s.-m. — Un autre, Lith.

1031. **Pettengill** (Benjamin D.). Professeur à l'Institution de Philadelphie (États-Unis), 1840-1884. Portrait. Héliog.

1032-1033. **Ponce de Léon** (D. Pedro), m. 1584. Bénédictin espagnol, créateur de l'art d'enseigner la parole aux sourds-muets (Espagne). Portrait d'après un buste de Panucci. Lith. — Un autre, avec légende. Lith.

1034. **Porter** (Samuel). Professeur au collège Gallaudet, à Washington (États-Unis). Portrait. Héliog.

1035. **Pouplin** (J.-Pierre-Denis), 1767-1828. Fondateur de l'Institution royale de Liège (Belgique). Portrait. Lith. par Em. Tassit.

1036. **Pouplin** (Clément), 1806-1837. Fils du précédent et son successeur dans la direction de l'Institution de Liège (Belgique). Portrait. Lith. par Em. Tassit.

1037. **Provolo** (l'abbé Antonio), 1800-1842. Fondateur de l'Institution de Vérone (Italie). Portrait. Lith.

1038. **Porro** (Alexandre). Président du premier conseil de direction de l'Institution royale des sourds-muets de Milan (Italie). Portrait. Lith. par E. Sciacca.

1039. **Ray** (John-E.). Superintendant des écoles de sourds-muets du Colorado et du Kentucky (États-Unis). Portrait. Héliog.

1040. **Renz** (Karl), 1834-1893. Instituteur distingué, professeur à l'Institution de Saint-Hippolyte-du-Fort (France). Fondateur d'une Institution à Genève, conseiller royal à Stuttgart (Allemagne). Portrait. Phot.

1041. **Reuschert** (W.). Directeur de l'Institution de Strasbourg (Alsace-Lorraine). Portrait. Lith.

1042. **Rider** (Henry). Fondateur de l'école de sourds-muets de New-York [Northern, at Malone] (États-Unis). Portrait. Héliog.

1043. **Ripamonti** (l'abbé Angelo), 1832-1895. Aumônier, sous-directeur et recteur intérimaire de l'Institut royal de Milan (Italie). Portrait. Phot.

1044. **Rispa** (Antonio). Directeur de l'Institution de Barcelone (Espagne). Portrait. Phot.

1045. **Roe** (W.-R.). Directeur de l'Institution de Friargate Derby (Angleterre). Portrait. Héliog.

1046. **Roe** (Mrs). Institutrice de l'école de Friargate Derby (Angleterre). Portrait. Héliog.

1047. **Ronquillo** (Valls y). Directeur de l'Institution de Barcelone (Espagne). Portrait. Phot. (V. **Junkar.**)

1048. **Rose** (J.). Fondateur de l'Institution de Victoria (Australie). Portrait. Héliog.

1049. **Rothert** (Henry-W.). Superintendant de l'Institution d'Iowa (États-Unis). Portrait. Héliog.

1050. **Samodaes** (Comte **de**). Organisateur et administrateur de l'Institution Araujo-Porto (Portugal). Portrait. Phot.

1050 *bis*. **Sbrocca** (l'abbé F.). Directeur-propriétaire de l'Institution des sourds-muets d'Alexandrie (Italie). Directeur-fondateur du journal *Il sordoparlante*. Portrait. Lith.

1051. **Schibel** (G.). Instituteur distingué, directeur de l'Institution de Zurich (Suisse). Portrait. Lith.

1051 *bis*. **Schory** (A.-H.). Président de l'Association des sourds-muets de l'Ohio (États-Unis.) Portrait. Héliog.

1052. **Schottle.** Directeur de l'Institution à Esslingen [Wurtemberg] (Allemagne). Portrait. Phot.

1053. **Schrœder** (Antony). Président de la société Tousley, de Saint-Paul [Minnesota] (États-Unis). Portrait. Héliog.

1054. **Scuri** (E.). Directeur de l'Institution royale de Naples, fondateur du journal *Rassegna di pedagogia e igiene per l'educazione dei sordomuti* (Italie). Portrait. Phot.

1055. **Seixas** (David-G.). Premier principal de l'Institution de Philadelphie (États-Unis). Portrait. Héliog.

1056. **Silvestri** (l'abbé Thomas). Disciple de l'abbé de l'Épée en 1783, fondateur de la première institution italienne à Rome (Italie). Portrait. Phot. d'après une peinture.

1057. **Sleight** (W.). Instituteur en chef de l'École de sourds-muets de Brighton (Angleterre). Portrait. Héliog.

1058. **Sleigth** (Rev. W. B.). Président de l'Association des sourds-muets d'Angleterre. Portrait. Héliog.

1059. **Smith** (W.-B.). Instituteur en chef de l'École de sourds-muets de Bristol (Angleterre). Portrait. Héliog.

1060. **Soder** (Henri). Directeur de l'Institution de Hambourg (Allemagne). Portrait. Phot.

1061. **Souheur** (Louis), s.-m., 1826-1878. Fondateur et président de la Société de secours mutuels des sourds-muets de Liège (Belgique). Portrait. Lith.

1061 *bis*. **Souza** (N.-P. de). Sous-directeur, professeur à l'Institution Araujo-Porto (Portugal). Portrait. Phot.

1062. **Spear** (A.-R.). Fondateur de l'Institution de Dakota, à Devils lake (États-Unis). Portrait. Héliog.

1063. **Sullivan** (Miss). V. **Keller Helen.**

1064. **Swiler** (John-W.). Superintendant de l'école de Wisconsin, à Delavan (États-Unis). Portrait. Héliog.

1065-1071. **Tarra** (l'abbé Jules), 1832-1889. Célèbre instituteur, directeur de l'Institut des sourds-muets pauvres de la Campagne, à Milan, président du Congrès international de Milan (Italie) en 1880, auteur d'ouvrages remarquables. Portrait, buste grandeur naturelle, peint par David Beghé. — Cinq autres portraits. — Monument Tarra. Phot.

1072. **Tate** (James-N.). Superintendant de l'École du Missouri (États-Unis). Portrait. Héliog.

1073. **Taucher** (Aloïs). Directeur de l'Institution de Graz (Autriche). Portrait. Phot.

1074-1075. **Taverna** (Comte Paul), m. 1878. Bienfaiteur et principal fondateur de l'Institut des sourds-muets pauvres de la Campagne, à Milan (Italie). Portrait par L. Corsignani, s.-m. — Lith. Un autre. Phot.

1076. **Titze** (Gérard). Professeur sourd-muet suédois, fondateur de la Société des sourds-muets, collaborateur du *Journal des sourds-muets* à Stockholm (Suède). Portrait. Héliog.

1077. **Townsend** (Edward). Premier maître de l'Institution de Birmingham (Angleterre). Portrait. Héliog.

1078. **Trépanier** (l'abbé). Aumônier de l'Institution de Montréal (Canada). Portrait. Phot.

1079-1080. **Triest** (le chanoine Pierre-Joseph), 1760-1836. Surnommé le Vincent de Paul de la Belgique, fondateur des congrégations des Frères et des Sœurs de la Charité, avec lesquelles il créa deux écoles de sourds-muets à Gand et qui ouvrirent deux Institutions à Bruxelles, celle des sourdes-muettes, puis celle des sourds-muets établie maintenant à Woluwe-Saint-Lambert (Belgique). Portrait gr. par Goulu. — Un autre avec distique. Lith.

1081. **Ulrich** (Jean-Conrad), 1761-1828. Disciple de l'abbé de l'Épée, instituteur célèbre à Zurich et à Genève (Suisse). Portrait. Reproduction d'une estampe de la bibliothèque de Zurich.

1081 *bis*. **Valledor** (Dr). Président de la commission administrative du collège national des sourds-muets de Madrid. Portrait. Phot.

1082. **Vatter** (J.), n. 1842. Directeur de l'Institution de Francfort-sur-Mein (Allemagne). Portrait. Héliog.

1083. **Van der Wielen** (Jean-Corneille), 1836-1881. Directeur des études aux Institutions d'Anvers et de Liège (Belgique), introducteur de la méthode orale dans son pays. Portrait. Phot.

1084. **Walker** (Newton-F.). Superintendant de l'Institution de la Caroline, the south Carolina, Cedar Spring (États-Unis). Portrait. Héliog.

1085. **Walker** (S.-T.). Superintendant de l'Institution de l'Illinois (États-Unis). Portrait. Héliog.

1086. **Wallis** (John), 1616-1703. Mathématicien; est le premier en Angleterre qui ait développé et appliqué des procédés pour l'enseignement de l'articulation aux sourds-muets, sans y comprendre toutefois la lecture sur les lèvres; il s'est occupé de l'instruction de quelques sourds-muets (Angleterre). Portrait gr. par Cipriani, d'après Bartholozzi. Reprod.

1087. **Walther** (Édouard). Directeur de l'Institution royale des sourds-muets de Berlin (Prusse). Portrait. Lith.

1088. **Weld** (Lewis). Principal, de 1822 à 1830, de l'Institution de Philadelphie (États-Unis). Portrait. Héliog.

1089. **Whipple** (Zerah). Fondateur de *The Whipple home* pour les sourds-muets à Mystic [Connecticut] (États-Unis). Portrait. Héliog.

1090. **White** (Rev. Williams). Premier président de l'Institution de Philadelphie (États-Unis). Portrait. Héliog.

1091. **Widd** (Thomas). Fondateur de l'Institution Makay pour les sourds-muets protestants, à Montréal (Canada). Portrait. Héliog.

1092. **Wilkinson** (Warring). Principal de l'Institution de Berkeley [Californie] (États-Unis). Portrait. Héliog.

1093. **Willard** (William). Fondateur de l'Institution d'Indiana (États-Unis). Portrait. Héliog.

1094. **Williams** (Dr Job). Principal de *The American Asylum*, à Hartford (États-Unis). Portrait. Gr.

1095. **Wing** (George), m. 1887. Professeur à l'Institution de l'Illinois (États-Unis) et collaborateur des *Annales américaines*. Portrait. Héliog.

1096. **Wood** (Alfred F.). Principal des Écoles de sourds-muets de Cincinnati et de Toledo (États-Unis). Portrait. Héliog.

1097. **Woodbridge** (Albert F.). Principal de l'Institution de Frédéricton [New Brunswick] (Nouvelle-Bretagne). Portrait. Héliog.

1098. **Wyckoff** (G.-L.). Principal de l'Institution d'Iowa (États-Unis). Portrait. Héliog.

1099. **Yarnao-Yoso**. Bienfaiteur et administrateur de l'Institution de Tokio (Japon). Portrait. Phot.

1100. **Yates** (Franck-B.). Principal de l'Institution de Little Rock [Arkansas] (États-Unis). Portrait. Phot.

1101. **Young** (W.-J.). Superintendant de l'Institution de Morganton, the north Carolina institute (États-Unis). Portrait. Héliog.

NOTA. — Nous devons un certain nombre de portraits et de vues d'Institutions à des publications illustrées; nous citerons : *Le Journal des sourds-muets*, — *The silent Worker*, — *The deaf-mutes Journal*, — *The national exponent*, — *The british deaf-mute Almanack*, — *Journal and history deaf-mutes of America* (sous les auspices du *Pas-à-Pas Club*), — *Rassegna di pedagogia e igiene per l'educazione dei sordomuti*... de Naples, — les ouvrages publiés par le *Volta-Bureau*, — les *Rapports annuels* des Institutions d'Amérique.

IV

PORTRAITS

DE

PERSONNAGES SE RATTACHANT A L'HISTOIRE DE L'ART

D'INSTRUIRE LES SOURDS-MUETS

ÉCRIVAINS, PHILOSOPHES, MÉDECINS, HOMMES POLITIQUES.

SOURDS-MUETS

DISTINGUÉS DANS LES LETTRES, LES ARTS, LES SCIENCES, ETC.

SOURDS-MUETS AVEUGLES

1201. **Agricola** (Rodolphe), 1442-1485. Professeur de philosophie à Heidelberg, mentionne une éducation de sourd-muet, au quinzième siècle. V. *De inventione dialectica.* Portrait par P. Bellefonds. Gr.

1202. **Aristote**, 384-322 av. J.-C. Philosophe grec, émet l'opinion que les sourds-muets sont incapables d'acquérir des connaissances; il leur refuse la faculté d'articuler, bien qu'ils aient une voix. V. *De hist. anim.*, liv. IV. Portrait par P. Bellefonds. Gr.

1203. **Astros** (Mgr **de**). Archevêque de Toulouse, a publié, en 1839, un *Catéchisme des sourds-muets*, illustré par le sourd-muet Bonnet. (V. ce nom.) Portrait par Taillant. Gr.

1204. **Augustin** (Saint), 354-430. Refuse la conception de la foi aux sourds-muets. V. *Contra Julianum.* Portrait par Bellefonds. Gr.

1205. **Beauvais de Préau** (Charles-Nicolas), 1745-1794. Médecin à Orléans, traducteur de Conrad Amman. *Dissertatio de loquela.* Portrait par Le Campion, avec sixain et ornements allégoriques. Gr.

1206. **Bigot de Préameneu** (Comte Félix-Julien-Jean), 1747-1825, de l'Académie française. Ministre des cultes, collaborateur au *Nouveau Code,* déclare, dans l'*Exposé des motifs du titre Des donations et des testaments,* que « depuis que les sourds-muets ont été rendus à la société, ils sont devenus capables d'en remplir les devoirs et d'en exercer les droits ». — A prononcé le discours, au nom de l'Académie, aux funérailles de Sicard. Portrait par Boilly. Lith.

1207. **Boerhaave** (Herman), 1668-1738. Médecin, professeur à l'Université de Leyde, a traité : *De auditu, de respiratione, de voce, de loquela,* chapitre dans lequel il cite avec éloge Conrad Amman. V. *Prælectiones academicæ.* Portrait. Gr.

1208. **Bouilly** (Jean-Nicolas), 1763-1840. Littérateur, auteur de *L'abbé de l'Épée,* comédie historique en cinq actes. V., en outre, *Mes Récapitulations,* ouvrage rempli de détails sur sa pièce et sur ses relations avec Sicard. Portrait. Gr.

1209. **Bouvy** (Antoinette). Sourde-muette aveugle belge. Portrait (avec Mgr de Haerne lui donnant une leçon). Gr.

1210. **Buffon** (G.-L. Leclerc, comte de), 1707-1788. Naturaliste, fut chargé (avec Ferrein et de Mairan) de présenter à l'Académie des sciences les deux Mémoires sur les résultats obtenus, dans l'enseignement des sourds-muets, par la méthode de J.-R. Pereire.—V. *Considérations sur le sourd-muet,* dans : *Histoire naturelle de l'homme, du sens de l'ouïe.* Portrait par Alex. Massard. Gr.

1211. **Camerarius** (Joachim), 1500-1574. Bamberg, un des plus grands esprits du seizième siècle, a rappelé les faits et témoignages démontrant la possibilité d'instruire les sourds-muets. V. *Sylloges memorabilium medicinæ...* Portrait par Bellefonds. Gr.

1212-1215. **Cardan** (Jérôme), 1501-1576. Philosophe, médecin, naturaliste, né à Pavie, a exposé, le premier, le principe théorique sur lequel repose l'art d'instruire le sourd-muet. V. *De subtilitate* (passim); *De utilitate... : de surditate, de mutis,* etc. Portrait de 1663. Gr. — Un autre par Gio Pavosi, s.-m., d'après une ancienne estampe. Gr. — Un autre par Forestier. Gr. — Un autre par Landon. Lith. au trait.

1216-1217. **Carlin** (John), 1813-1891. Sourd-muet américain distingué, peintre et poète, élève de Laurent Clerc. Portrait. Gr. — Un autre. Gr.

1218. **Casaubon** (Isaac), 1559-1614. Érudit, bibliothécaire de Henri IV, est le premier, en France, qui ait reconnu la possibilité d'instruire les sourds-muets, mais sans exposer le principe qui pouvait justifier son opinion. V. *Traité de l'enthousiasme*, p. 93. Portrait d'après Van der Wers. Lith. au trait.

1219-1220. **Catherine II**, 1729-1796, impératrice de Russie. Donna l'ordre à son ambassadeur, en 1780, d'aller voir l'abbé de l'Épée, pour le féliciter en son nom et lui offrir de riches présents, que l'instituteur refusa, en demandant que l'Impératrice lui envoyât un sourd-muet à instruire. Portrait par Staal. Gr. — Un autre en costume d'homme. Gr.

1221. **Chamberlain** (William-Martin), 1832-1894. S.-m. américain, éditeur de *The Deaf-Mutes Register* et directeur de l'imprimerie de l'Institution de New-York. Portrait. Héliog.

1222. **Chaptal** (Jean-Antoine, comte de Chanteloup), 1756-1832, ministre de l'intérieur. On lui doit le projet d'agrandissement de l'Institution de Paris, qui, approuvé en 1802, ne fut mis en exécution qu'en 1823. Portrait par Delpech. Lith.

1223. **Choppin** (Paul). Statuaire s.-m., médaillé du Salon. Portrait par Hirsch, s.-m. Lith.

1224. **Colas** (Auguste J.-B[te]). Dessinateur-lithographe s.-m. Portrait. Phot.

1225. **Collin d'Harleville** (J.-F.), 1755-1806, de l'Académie française. Provoqua, pendant la représentation de *L'abbé de l'Épée* et en présence de Napoléon Ier, la manifestation ayant pour objet de réclamer la fin de la proscription de Sicard. V. *Mes Récapitulations*, de Bouilly. Portrait par Goulai, d'après Houdon. Gr.

1226. **Condillac** (Ét. Bonnot de), 1715-1780, de l'Académie française. Philosophe, a écrit sur *L'origine et les progrès du langage*. Fait l'éloge de l'abbé de l'Épée, aux leçons duquel il a assisté. Portrait d'après Baldrighi. Gr. au trait.

1227. **Deleau** jeune. Célèbre médecin otologiste qui, dans de nombreux écrits appuyés sur d'intéressantes expériences, s'est beaucoup occupé du sourd-muet au double point de vue médical et pédagogique. Portrait par Lacauchie. Lith.

1228. **Descartes** (René), 1596-1650. Philosophe et mathématicien. V. *Discours sur la méthode*. Portrait par Butassand. Gr.

1229. **Desperriers** (René). Sculpteur sourd-muet. Portrait par René Hirsch. Lith.

1230. **Diderot** (Denis), 1713-1784. Philosophe, a écrit un ouvrage intitulé : *Lettre sur les sourds-muets à l'usage de ceux qui entendent et qui parlent.* Portrait. Gr.

1231. **Digby** (Kenelm), 1603-1665. Gentilhomme anglais, écrivain, a fait un intéressant récit de sa rencontre, en Espagne, avec le frère cadet du connétable de Castille, sourd-muet instruit, parlant et lisant sur les lèvres. V. Son traité : *De natura corporum.* Portrait par J. Houbraken, d'après A. Van Dyck, 1748. Gr.

1232. **Elie de Beaumont** (J.-B.-Jacques), 1732-1786. Célèbre avocat au parlement de Paris, défenseur du sieur Cazeaux, de Toulouse, accusé de complicité dans la suppression de la personne et de l'état du jeune comte de Solar (Joseph), sourd-muet protégé par l'abbé de l'Épée. Portrait par Devrits. Gr.

1233-1234. **Eymard** (Louis). Graveur, ciseleur sourd-muet. Portrait par Ginouvier, s.-m. Lith. — Un autre par A. Colas, s.-m. Lith.

1235. **Fabrizio d'Acquapendente** (Jérôme), 1537-1619. Médecin italien, a présenté des vues sur la manière de faire parler les sourds-muets. V. *De locutione et ejus instrumentis.* Portrait par Vigneron. Lith.

1236. **Fauchet** (l'abbé Claude), 1744-1793. A prononcé, le 23 février 1790, l'oraison funèbre de l'abbé de l'Épée, dans l'église Saint-Étienne du Mont. Portrait par Croisier. Gr.

1236 *bis.* **Féré** (Ch.). Médecin de l'hospice de Bicêtre. Auteur d'écrits instructifs, appuyés sur des recherches scientifiques, concernant l'*anthropologie* du sourd-muet et particulièrement ses aptitudes à acquérir le langage articulé. Portrait. Phot.

1237. **Ferrein** (Antoine), 1693-1769. Anatomiste, fut chargé, avec Buffon et de Mairan, en 1749 et 1751, de présenter à l'Académie des sciences les deux mémoires rédigés à la suite des examens dont les élèves de J.-R. Pereire avaient été l'objet. Portrait par Bellefonds. Gr.

1238. **François de Sales** (Saint), 1567-1622. Évêque de Genève, patron des sourds-muets, a recueilli un pauvre sourd-muet dont il se fit l'instituteur. *Saint François de Sales instruisant un sourd-muet,* par Félix Martin, s.-m. Groupe pl.

1239. **Frankenheim** (Samuel), de New-York, *The hero of Asbury park,* sourd-muet sauveteur. Portrait. Héliogr.

1240-1242. **Gaillard** (Henri). Littérateur sourd-muet, fondateur-rédacteur en chef du *Journal des sourds-muets*. Portrait avec biographie, 1894. Lith. — Un autre par Ginouvier, s.-m. Lith. — Un autre. Héliog.

1243. **Gall** (François-Joseph), 1758-1828. Médecin, fondateur de la cranioscopie. V. *Anatomie et physiologie du système nerveux : Notice sur l'instruction des sourds-muets en Espagne*, par Emmanuel Nunez de Taboada; *De l'acquisition des idées par les sourds-muets*. Portrait par Delpech. Lith.

1244-1245. **Ginouvier** (Nachor), de Montpellier. Peintre sourd-muet. Portrait par H. Cauchois, s.-m. Lith. — Un autre. Phot.

1245 *bis*. **Grancher** (D[r]). Médecin de l'Hôpital des Enfants malades. Professeur à la Faculté de médecine de Paris. S'est intéressé d'une manière particulière à l'éducation des sourds-muets. A consacré plusieurs de ses leçons cliniques au traitement médical et pédagogique de la surdi-mutité. Portrait. Phot.

1246. **Green** (Francis), de Boston (États-Unis), n. 1742. A publié à Londres, en 1783, un ouvrage relatif à l'instruction des sourds-muets : *Vox oculis subjecta*. Portrait d'après une peinture. Gr.

1247. **Griolet**. Archéologue, numismate sourd-muet. Portrait. Phot.

1248. **Hamar** (Fernand). Statuaire s.-m., médaillé du Salon. Portrait. Phot.

1249-1250. **Hennequin** (Gustave). Sculpteur sourd-muet. Portrait par Ginouvier, s.-m. Lith. — Un autre. Phot.

1251. **Hérodote**, 484-406 av. J.-C. Historien grec, rapporte l'expérience tentée par Psamméticus, pour découvrir l'origine du langage; consigne le fait relatif au fils de Crésus, qui, sourd-muet, aurait recouvré la parole à la suite d'une violente émotion. Portrait par Bellefonds. Gr.

1251 *bis*. **Heurtin** (Marie). Sourde-muette aveugle française. (V. **Obrecht**.)

1252. **Hippocrate**, 460 av. J.-C. Médecin grec, considère la surdi-mutité au seul point de vue médical. V. *Aphorismes*, trad. Pariset : sect. V, aph. 5; sect. VI, aph. 51; sect. VII, aph. 58. Portrait d'après un buste, par Jules Piérache. T.

1253. **Hirsch** (René). Graveur s.-m. Portrait. Gr.

1254. **Jeanvoine** (Henri). Publiciste s.-m.; président de la Société des sourds-muets de Franche-Comté. Portrait par Henri Fortin, 1895. Lith.

1255. **Joseph II**, empereur d'Allemagne, 1741-1790. Visita l'abbé de l'Épée en 1777 et lui envoya comme disciple l'abbé Storck, qu'il chargea d'ouvrir la première école de sourds-muets établie en Autriche. Portrait (comte de Walkenstein, 1777). Gr.

1256. **Junkar y Reyes** (V. Inocencio). Sourd-muet aveugle espagnol, instruit par M. Valls y Ronquillo, directeur de l'Institution de Barcelone. Portrait par Sadurni. Gr.

1257. **Justinien**, empereur d'Orient, 483-565. V. *Code Justinien* : dispositions s'appliquant d'une manière expresse et spéciale aux sourds-muets, et d'après lesquelles ceux-ci sont divisés en cinq classes. Portrait par Bellefonds. Gr.

1258. **Kaata** (Ragnhild), n. 1874. Sourde-muette aveugle de Norvège, instruite par M. Elias Hoofgard, directeur de l'Institution d'Hamar. (Kaata recevant une leçon de son maître.) Héliog.

1259-1265. **Keller** (Hélène). Remarquable sourde-muette aveugle américaine, instruite par miss Sullivan. Portrait par Cowee, 1883. Gr. — Un autre (avec son chien) par Wheeler, 1892. Lith. — Un autre (avec *fac-simile* d'écriture) par W. J. Baer, 1894. Gr. — Un autre (miss Sullivan et Graham Bell), 1895. Héliog. — Un autre (avec miss Sullivan lui donnant une leçon). Héliog. — Un autre : « Helen Keller's home. » — Un autre : « Hélène Keller étudiant les fleurs. »

1266. **La Harpe** (J. F. de), 1739-1803. Littérateur, a publié un récit de la visite de Joseph II à l'abbé de l'Épée, un résumé du procès Solar, etc. V. *Correspondance littéraire.* Portrait par Julien d'après A. Pujos. Lith.

1267. **Lami** (Bernard), 1645-1715. Oratorien, littérateur, a analysé, en en faisant l'éloge, la méthode de Conrad Amman. V. *Rhétorique ou l'art de parler,* 1701. Portrait par Bellefonds. Gr.

1268. **Le Cat** (Nicolas), 1700-1768. Chirurgien, anatomiste, a loué chaleureusement, en l'expliquant, la méthode de Pereire. V. *Traité des sensations et des passions en général et des sens en particulier.* Portrait par Ambroise Tardieu. Gr.

1269. **Leibnitz** (God. Gu.), 1646-1716. Savant universel; on lui doit un projet de formation d'une langue universelle. V. *Collectanea etymologica.* Portrait par Bellefonds. Gr.

1270. **Lope de Vega** (Félix), 1562-1635. Poète espagnol, a composé sur Fernandez Navarrette el Mudo une pièce de vers qui doit lever toute incertitude sur la surdi-mutité du célèbre peintre de Philippe II : « Si le ciel, y est-il dit, lui a refusé la parole, ses portraits parlent pour lui. » Portrait par Bellefonds. Gr.

1271-1272. **Loustau** (Léopold), 1815-1894. Peintre sourd-muet, médaillé du Salon. Portrait par A. Colas, s.-m. Lith. — Un autre. Dessin original du précédent.

1273. **Mairan** (J.-J. Dortous **de**), 1678-1771. Secrétaire perpétuel de l'Académie des sciences, fut chargé, avec Buffon et Ferrein, en 1749 et 1751, de rendre compte des résultats obtenus par J.-R. Pereire; il s'est personnellement occupé avec succès de l'instruction d'un sourd-muet. Portrait par L. Decarmontelle, 1760. Gr.

1274. **Malouet** (P.-Victor), 1740-1816. Homme d'État, ministre de la marine, demanda, dans la séance du 21 juillet 1791 de l'Assemblée constituante, après la lecture du projet de décret concernant l'établissement des sourds-muets, qu'il y fût fait mention de l'abbé de l'Épée « comme d'un citoyen qui, par ses services et ses talents utiles, a des droits à l'honneur civique d'être placé sur la liste des hommes qui ont bien mérité de la Patrie et de l'Humanité ». Cette proposition fut adoptée. Portrait par Delpech. Lith.

1275. **Marduel** (l'abbé J.-Baptiste), 1699-1789. Curé de Saint-Roch, est « cet ami intime » à qui l'abbé de l'Épée adressa ses quatre lettres de 1771 à 1774, et dont le neveu, son successeur dans la cure de Saint-Roch, assista le vénérable instituteur à ses derniers moments. Portrait par Gaucher, d'après Davesne. Gr.

1276. **Menage** (Gilles), 1613-1692. Érudit, parle des singuliers phénomènes auxquels peut donner lieu l'organe de l'ouïe et des diverses manières de percevoir les sons. V. *Œgidii Menagii amoenitates juris civilis.* Portrait par Bellefonds. Gr.

1277. **Montaigne** (Michel **de**), 1533-1592. Philosophe, a émis d'intéressantes réflexions sur l'origine du langage. V. *Essais*, liv. II. Portrait. Gr.

1278. **Morhof** (Daniel-George), 1639-1691. Philologue, professeur à l'Université de Kiel. V. *Polyhistor, sive Notitia auctorum et rerum,* œuvre d'érudition dans laquelle il mentionne tous les écrivains qui, jusqu'à lui, ont publié des ouvrages sur l'art d'instruire les sourds-muets. Portrait par Fristzsch, 1731. Gr.

1279. **Née** (Eugène). Publiciste sourd-muet. Portrait par Miaulet, s.-m. Gr.

1280. **Nollet** (l'abbé J.-Antoine), 1700-1770, de l'Académie des sciences. V. *Leçons de physique expérimentale : Du son.* Portrait par Bellefonds. Gr.

1281. **Obrecht** (Marthe) et **Heurtin** (Marie). *Sourdes-muettes aveugles françaises*, instruites à l'Institution de Larnay, par les Filles de la Sagesse. Trois photographies dans un cadre : — 1. Marthe Obrecht communique avec sa maîtresse au moyen de l'alphabet manuel *touché*; Marie Heurtin lit dans un livre à l'usage des aveugles ; — 2. Marthe écrit en points comme les aveugles; Marie communique avec sa maîtresse, dont elle *touche* légèrement la bouche pour y saisir la parole dans les mouvements des lèvres; — 3. Marthe et Marie, les mains dans les mains, conversent ensemble au moyen de la dactylologie *touchée*.

1282. **Œcolampade** (Jean), 1482-1531. D'abord curé à Bâle, puis un des auteurs de la Réforme et ami de Zwingle; cité par Zwinger, *Physiol. méd.*, ch. xxv, comme ayant eu, à Bâle, un élève sourd qui lisait parfaitement sur les lèvres. Portrait ancien. Gr.

1283. **Penthièvre** (L.-J.-Marie de Bourbon, duc de), 1725-1793. Protecteur du jeune sourd-muet Joseph, dit comte de Solar, dont il payait la pension à l'abbé de l'Épée. Portrait par A. Lefèvre. Gr.

1284. **Pestalozzi** (Henri), 1746-1827. Célèbre instituteur suisse, dont la méthode dite *intuitive*, vulgarisée par Valade-Gabel, est généralement appliquée dans les Institutions de sourds-muets. Portrait par F. Robant. Lith.

1285-1286. **Peyson** (Frédéric), 1807-1877. Peintre s.-m., auteur des *Derniers moments de l'abbé de l'Épée.* Portrait. Phot. Un autre : « Peyson dans son atelier », par Ginouvier, s.-m. Lith.

1287-1289. **Pie VII**, pape, 1740-1823. Visita, le 25 février 1805, l'Institution nationale des sourds-muets de Paris et assista à une séance de l'abbé Sicard. Portrait ancien : « Le Pape priant. » Gr. — Un autre par Delpech. Lith. — Un autre d'après David. Lith. au trait.

1290. **Pline l'Ancien**, 23-79. Naturaliste, constate que « l'homme auquel le sens de l'ouïe a été refusé est privé par cela même de l'usage de la parole : il n'y a point de sourd de naissance qui ne soit muet en même temps ». V. *Historia naturalis :* VI, 30; X, 69. Cite ce fait que Q. Pedius, sourd-muet, apprit la peinture avec succès : XXXV, 4, *De pictoribus Romanis.* Portrait par Bellefonds. Gr.

1291. **Prieur** (de la Marne), 1760-1827. Député à l'Assemblée constituante et à la Convention, auteur du rapport et du projet de décret dont l'adoption (21-29 juillet 1791) eut pour conséquence de faire de l'établissement des sourds-muets une Institution nationale. Portrait. Lith.

1292. **Princeteau** (René). Artiste peintre s.-m. Méd. 2e cl. Portrait. Phot.

1293. **Rabelais** (François), 1483-1553. Philosophe, médecin. V. *Pantagruel*, liv. III, ch. XXIX : « Comment Pantagruel loue le Conseil des muetz. » Portrait. G.

1294. **Ralph** (Lucien. V. Ernest-J.-D.-Abraham), missionnaire des sourds-muets, littérateur, coéditeur de *The British deaf-mute*. Portrait. Héliog.

1295. **Rémy** (Henry), 1867-1895, s.-m. Directeur-fondateur de la *Gazette des sourds-muets*. Portrait. Lith.

1296. **Rigaut** (Émile), peintre s.-m. Portrait. Phot.

1297. **Roger-Ducos**, 1747-1810. Conventionnel, consul, auteur d'un rapport (28 juin 1794) concluant à l'établissement de six institutions nationales de sourds-muets : à Paris, Bordeaux, Rennes, Clermont, Grenoble, Nancy. Portrait par Jules Perreau. Gr.

1298. **Rousseau** (J.-J.), 1712-1778. Philosophe, émet, dans son *Dictionnaire de musique*, des réflexions sur la voix des sourds-muets et traite du son. V. en outre : *Essai sur l'origine des langues*. Portrait par Jouffroy. Gr.

1299. **Scaliger** (Jules-César), de Vérone. Naturalisé Français, 1484-1558. Célèbre érudit. V. *De causis latinæ linguæ*. Portrait par Bellefonds. Gr.

1300. **Solar** (Joseph, dit comte **de**), n. 1763. Élève de l'abbé de l'Épée, enfant trouvé, en faveur de qui son illustre maître et protecteur soutint un long procès que son retentissement a fait placer parmi les causes célèbres. Portrait par Lebeau. Gr. (Ce portrait, commandé par l'abbé de l'Épée, a été répandu par lui en vue d'appeler l'intérêt du public sur son protégé.)

1301. **Tilden** (Douglas). Statuaire sourd-muet américain. Portrait. Héliog.

1302. **Thornton** (William). Est le premier, en Amérique, qui ait écrit sur l'instruction à donner aux sourds-muets; il a publié, en 1793, un Mémoire dans lequel il donne la préférence à la parole artificielle, comme à l'instrument le plus favorable aux communications sociales. V. *Transac-*

tions of the American philosophical Society held at Philadelphia, vol. III, p. 310. Portrait d'après une peinture. Gr.

1303. **Van Helmont** (Fr. Mercurius), 1618-1699. Chimiste, visionnaire, né à Vilvorde, a publié sur les sourds-muets de judicieuses remarques à l'appui de cette thèse bizarre qu'il existe une langue naturelle aux hommes, qui ne peut être que la langue hébraïque. Il cite un sourd-muet auquel il prétend avoir appris, en trois semaines, à parler et à lire sur les lèvres. Double portrait (Mercurius et son père) par Corneille de Man. Gr.

1304. **Voltaire** (F.-Ma. Arouet de), 1694-1778. Écrivain universel. V. *Langues*, *Dictionnaire philosophique*. Portrait par Hopwood. Gr.

V

OBJETS DIVERS

1401. **Bouquet de fleurs** en broderie de soie, monté dans un cadre sculpté et portant cette dédicace : *All abate de l'Épée le sordomute del R. Istituto di Siena;* ouvrage exécuté par les élèves de l'École de Sienne et qui, après avoir figuré à l'Exposition universelle de 1867, a été donné à l'Institution de Paris par le P. Pendola.

1402. **Cadre** renfermant une délibération du 21 septembre 1777, par laquelle la *Société des bonnes gens* décerne une médaille d'argent à l'abbé de l'Épée.

1403. **Cadre** renfermant un procès-verbal de l'Assemblée nationale du 23 août 1792, constatant que « les instituteurs des sourds-muets ont offert pour les frais de la guerre une somme de deux cents livres ».

1404. **Planche de cuivre** représentant l'abbé de l'Épée et gravée par son élève le sourd-muet L. Boutelou.

1405. **Cliché photographique** reproduisant un portrait lithographié de J.-C. Ulrich, disciple de l'abbé de l'Épée.

1406. **Cliché** d'un dessin de R. Bandeuf, s.-m., représentant le monument de l'abbé de l'Épée à Saint-Roch.

1407. **Cliché** d'un portrait de l'abbé de l'Épée d'après Duvivier.

1048. **Pierre lithographique** représentant la vue à vol d'oiseau de l'Institution nationale de Paris; dessin d'Auguste Colas, s.-m., avril 1894.

1409-1413. **Cinq photographies** reproduisant quatre-vingt-dix objets du Musée universel des sourds-muets.

1414-1418. **Cinq photographies** reproduisant cinq grandes toiles du Musée.

1419-1443. **Album** contenant vingt-cinq vues de bâtiments et locaux divers de l'Institution nationale de Paris, 1878. Phot.

1449-1456. **Album** contenant treize vues et groupes du personnel enseignant, des élèves et des employés de l'Institution de Paris, 1882. Phot.

1457-1479. **Carton** contenant vingt-trois groupes de l'Institution de Paris, 1886. Phot.

1480. **Séminaire de Saint-Magloire.** Pierre cannelée, seizième siècle, provenant des ruines de l'église.

1481. **Étendard** du *Bataillon de Saint-Magloire*, soutenu par une volontaire et portant cette devise : *Liberté fait ma gloire.*

1482. **Cortège de sourds-muets** défilant devant l'immeuble portant les plaques commémoratives de la maison de l'abbé de l'Épée. Gr.

1483. **Fête de sourds-muets** à Nogent-sur-Marne, 1893. Phot.

1484. **Fête de sourds-muets** à Montpellier, 1891. Phot.

1485. **Retraite** des anciens élèves de l'Institution de Ronchin-Lille, 1894. Phot.

1486. **Autre exemplaire,** petit format.

1487. **Cercle Abbé de l'Épée,** à Reims; vue de la façade, par A. Colas, 1895. Lith.

1488. **Cercle Abbé de l'Épée** à Liège. Banquet de 1894. Lith.

1489. **Insigne** des membres du « Cercle Abbé de l'Epée » de Liège. Cuivre doré.

1490-1492. **Trois portraits** au crayon attribués au peintre Monanteuil, élève de Girodet, et représentant trois jeunes pensionnaires de l'Intitution de Paris : Monteilh, Mulle et Dubray.

1493. **Lettre miraculeuse.** Placard mentionnant la guérison d'un sourd-muet qui a bu de l'eau de la fontaine de Maurange. Impression grossière.

1494. **Fac-simile** d'une lettre d'Antoinette Bouvy, sourde-muette aveugle.

1495. **Fac-simile** d'une conversation écrite entre Massieu, sourd-muet, et Rodenback, aveugle.

1496. **Personnel enseignant** de l'Institution des sourds-muets pauvres de la Campagne. Milan, 1892. Groupe de treize personnes. Phot.

1496 *bis*. **Personnel enseignant** de l'Institution royale des sourds-muets de Gênes. 1896. Groupe de neuf personnes. Phot.

1496 *ter*.-1497. **Groupes des élèves** (garçons et filles) de l'Institution royale des sourds-muets de Gênes. 1896. Deux Phot.

1498. **Enterrement** de M. Fleury, directeur de l'Institution des sourds-muets de Saint-Pétersbourg, 1856. Gr.

1498 *bis*. **Faculty of the College Gallaudet**. Groupe de dix personnages, 1895. Héliog.

1499. **Missionnaries** among the deaf in America. Groupe de neuf personnages, 1888. Phot.

1500. **Teachers and pupils** of the Llandaff deaf and dumb school, 1892. Phot.

1501. **Principals** representing some schools for the Deaf in the United States. Groupe de vingt-neuf personnes. Héliog.

1502. **Les membres du « Pas-à-pas club »**, Chicago, 1893. Phot.

1503. **Volta-Bureau** for the increase and diffusion of knowledge relating to the deaf, Washington. Phot.

1504. **The Volta Bureau**. Groupe dans lequel on distingue Graham Bell et les membres de sa famille; John Hitz, Annie Sullivan, Hélène Keller, etc. Héliog.

1505. **The Gallaudet home** for the deaf mutes, Poughkeepsie, New-York. Gr.

1506. **Portrait** d'un jeune sourd-muet américain, Osgood, de Boston, 1895. Phot.

1057. **Portrait** de Jean-Louis *Baudoin*, sourd-muet centenaire. Gr. par R. Hirsch.

1508. **Médaille** commémorative de la mort de l'abbé Sicard. Br.

1509. **Médaille**, soufre teinté, surmoulage de la précédente.

1510. **Médaille** à l'effigie de J.-R. Pereire, par Stern, d'après un bas-relief de Chatrousse. Br.

1511. **Médaille** à l'effigie de Henri-Daniel Guyot, fondateur de l'Institution de Groningue (Hollande).

1512. **Médaille** à l'effigie de Charles X, par Gayrard, rappelant la visite du roi à l'Institution de Paris. Argent.

1513. **Médaille** à l'effigie de Louis-Philippe, par Gayrard, récompense décernée à l'Institution de Paris, Exposition de 1834. Br.

1514. **Médaille** décernée à l'Institution de Paris, Exposition de Londres, 1862. Br.

1515. **Médaille** décernée à l'Institution de Paris, Exposition de 1867. Br.

1516. **Médaille** décernée à l'Institution de Paris, Exposition de 1878.

1517-1523. **Sept médailles** provenant du peintre s.-m. Fréd.

Peyson, dont cinq obtenues à l'École des Beaux-Arts. Reproduction en galvano.

1524. **Iconographie des signes** par Pélissier, 1856. Vingt et une planches. Gr.

1525. **Dictionnaire des signes** par l'abbé Lambert, 1865. Quinze planches. Lith.

1526. **Langage mimique** par Joséphine Brouland, 1855. Cent trente-deux figures. Lith.

1527. **Cheirologie** par Pineau, 1850. Tableau. Lith.

1528. **Méthode de dactylologie** par Piroux, 1855. Scènes mimiques. Lith.

1529. **Alphabet dactylologique** par J. Clamaron, 1875. Dessins. Lith.

1530. **The manual alphabet,** petit album américain, 1886.

1531. **Alphabet manuel** français et anglais par Boclet, s.-m. Gr.

1532. **L'écriture manuelle** par Aubert, s.-m. Tableau. Gr.

1533. **L'écriture manuelle** par Aubert, s.-m., petit in-16 illustré des portraits de l'abbé de l'Épée, de Sicard, de Clerc et de Massieu. Gr.

1534. **Dactylologie** française et anglaise par Ed. Ribert, s.-m., 1850. Lith.

1535. **Alphabet manuel** par Van Thielen, s.-m., 1853. Lith.

1536. **Alphabet manuel** par Raimond, de Nancy. Gr.

1537. **Alphabet de Dalgarno,** auteur du *Discalocophus,* 1680.

1538. **Alphabet Kalnak.** Sept pl. Gr.

1539. **Phonodactylologie** par le Frère Bernard. Tableau. Lith.

1540-1609. *Soixante-dix* **Alphabets manuels** *(Allemagne, Angleterre, Espagne, États-Unis, France, Hollande, Italie, Russie).*

VI

ŒUVRES

EXÉCUTÉES PAR DES ARTISTES SOURDS-MUETS

PEINTURE, SCULPTURE, DESSINS

GRAVURE, LITHOGRAPHIE, ARCHITECTURE, PHOTOGRAPHIE

Alexander (Jacques). Peintre américain.

1701. *Portrait de Victor Hugo.* Crayon.

Arbaudie (Mlle Marie), peintre sur porcelaine. (V. PORTRAITS DE L'ABBÉ DE L'ÉPÉE.)

Aubert (Antoine), 1783-1836. Professeur de gravure à l'Institution de Paris.

1702. *Portrait de Talma*, d'après Hollier. Gr.

1703. *Portrait de Mlle Duchesnois*, d'après Hollier. Gr.

1704. *Le même.* Reproduction du précédent. Héliog. (V. PORTRAITS DE L'ABBÉ DE L'ÉPÉE, SICARD, MASSIEU, CLERC et ALPHABETS MANUELS.)

Baudeuf (René). Peintre, élève de J. Lefebvre et Boulanger. (V. PORTRAITS DE L'ABBÉ DE L'ÉPÉE.)

Berthier (Ferdinand), 1803-1886. Graveur, professeur à l'Institution de Paris.

1705-1707. *Trois études.* Gr.

Berton (Armand). Peintre.

1708. *Portrait*, 1881. Repr. Lith.
1709. *Ève*, 1882. Repr. Lith.

Blanchot (Michel). Dessinateur américain.

1710. *Il acorazado Capitan Prat.* Chromol.

Boclet (Auguste-Armand-Désiré), n. 1800. Graveur. (V. PORTRAITS DE L'ABBÉ DE L'ÉPÉE, SICARD, COMBERRY et ALPHABETS MANUELS.)

Bonnet. Dessinateur lith.

1711-1735. *Trente-cinq* compositions pour illustrer le *Catéchisme des sourds-muets* du cardinal d'Astros, 1839. Lith.

Boutelou (Louis-Alexandre), n. 1761. Élève de l'abbé de l'Épée.

1736. *Portrait de M. J. Chénier.* Gr.
1737. *Portrait du duc de Richelieu*, maréchal de France. Gr. (V. PORTRAITS DE L'ABBÉ DE L'ÉPÉE.)

Boutelou (Mlle Sophie). Graveur.

1738. *La clémence de Lesdiguières*, d'après Dardel. Gr.

Braquehais (Bruno). Dessinateur.

1739. *Paysage*, 1838. Lith.
1740-1742. *Trois lithographies.*

Cauchois (Henri-Victor). Dessinateur lith.

1743. *Vainqueur de la Bastille*, d'après Paul Choppin. Lith.
1774. *Le départ du bataillon*, d'après de Neuville. Lith.
1745. *Portrait de M. G. Larose*, s.-m. Lith. (V. PORTRAITS DE GINOUVIER ET REMY.)

Chauvin (Émile). Sculpteur.

1746. *Portrait du Dauphin* (depuis Louis XVI). Médaillon bois.
1747. *Portrait de Marie-Antoinette.* Médaillon bois.

Chéron (Olivier). Peintre, élève de Desbrosses et Guillemet.

1748. *Le matin à Arromanches*, 1887. T.
1749. *Ruines de la Cour des comptes*, 1894. Dessin.

Choppin (Paul-François). Statuaire, élève de Jouffroy et Falguière. — Mention honorable 1886; médaille de 3e classe 1888; médaille de bronze, Exposition universelle de 1889.

1750. *Étienne Dolet*. Maquette. Pl.

1751. *Danton*. Maquette. Pl.

1752. *Le Grand-père*. Médaillon marbre.

1753-1761. *Le génie des arts*, — *Suzanne au bain*, — *Docteur Broca*, — *Docteur Chaussier*, — *Lazare Carnot*, — *La Marseillaise*, — *Un volontaire de* 1792, — *Mort de Britannicus*, — *La laveuse*, — *Neuf* reproductions. Phot. et Gr. (V. PORTRAITS DE L'ABBÉ DE L'ÉPÉE.)

Cochefer (Antoine-Joseph). Sculpteur.

1762. *Portrait de jeune homme*. Médaillon pl. (V. PORTRAITS DE L'ABBÉ DE L'ÉPÉE.)

Colas (Auguste-J.-Baptiste). Dessinateur lithographe.

1763. *Une cour de village nivernais*. Lith.

1764. *Le village d'Asnois*. Lith.

1765. *Combat de coqs en Flandre*, d'après Cogg. Lith.

1766. *Clair de lune*. Lith.

1767. *Bœufs nivernais*. Lith.

1768. *Lait de la vieillesse*, d'après Loustan. Lith.

1769. *Paysanne de Chevreuse*. Lith.

1770. *Les Missiaux*, paysage. T.

1771. *Le Beuvron*, paysage. T. (V. ABBÉ DE L'ÉPÉE, INSTITUTION DE PARIS, DEBAX, LOUSTAU, ETC.)

Cornet (Émile). Sculpteur belge. (V. PORTRAITS DE L'ABBÉ DE L'ÉPÉE.)

Deseine. Statuaire, élève de l'abbé de l'Épée, élève de Pajou.

1772. *Buste de Mirabeau*, 1786, par Bréa (d'après Deseine). Gr. (V. PORTRAITS DE L'ABBÉ DE L'ÉPÉE.)

Desmarest (Henri). Photographe amateur.

1773-1778. *Six* photographies.

Desperriers (René). Sculpteur.

1779. *Jeune Italienne*. Buste pl.

Eymard (Louis). Graveur, ciseleur.

1780. *Ouvrier au repos.* Gr.

1781-1818. *Trente-sept* petites gravures : paysages, figures, fleurs, etc. (V. PORTRAITS DE L'ABBÉ DE L'ÉPÉE.)

Fay (Étienne de) dit le « Vieux sourd-muet d'Amiens », 1662-1743. Pensionnaire de l'abbaye de Saint-Jean à Amiens, architecte, sculpteur, instituteur.

1819-1824. *Six* photographies (par M. Charles Cordier) représentant diverses parties de l'abbaye de Saint-Jean (aujourd'hui lycée d'Amiens), reconstruite de 1712 à 1714 d'après les plans et sous la direction d'Étienne de Fay.

1825-1827. *Trois* photographies (par M. Ch. Cordier) reproduisant des dessins d'Étienne de Fay tirés d'un album déposé à la bibliothèque d'Amiens.

Ferry (Georges). Peintre, élève de Hillemacher et Cabanel.

1828. *Adam et Ève fin de siècle.* T. Repr. phot.

Fortin (Henri). Peintre.

1829. *En reconnaissance.* T.

Ginouvier (Nachor). Peintre, élève de M. E. Michel.

1830-1861. *Trente* portraits. Lith.

1862-1863. *Deux* portraits. Dessins originaux. (V. PORTRAITS DE L'ABBÉ DE L'ÉPÉE.)

Godard-Desmarest (Armand), 1800-1873. Peintre.

1864. *Paysage.* Mine de pl.

1865. *Paysage.* Lavis.

Grandidier (Mlle Jeanne). Peintre.

1866. *La porte des Allemands à Metz.* T.

Grégoire (Paul). Élève de l'abbé de l'Épée, peintre, graveur. (V. PORTRAITS DE L'ABBÉ DE L'ÉPÉE.)

Hamar (Fernand). Statuaire, élève de Cavalier, Barrias et P. Choppin. Médaille de 3e classe 1895.

1867-1868. *Le Fauconnier,* statue. Repr. gr. *Un* autre. Phot. (V. PORTRAITS DE L'ABBÉ DE L'ÉPÉE.)

Hennequin (Gustave). Statuaire, élève de Bonnassieu.

1869. *Portrait de Gambetta.* Grand buste pl.
1870. *Portrait de Gambetta.* Pet. buste pl.
1871. *Portrait de Gambetta.* Médaillon pl.
1872. *Le Joueur de bilboquet.* Statuette pl.
1873. *Le Joueur de flûte.* Statuette pl.
1874. *Portrait d'Ém. Rigaut,* peintre s.-m. Médaillon pl.
1875. *Portrait de M. Japy.* Buste pl.
1876. *Portrait de Mgr Des* Loges. Buste pl.
1877. *Portrait de dame.* Médaillon pl.
1878. *Portrait d'homme.* Médaillon pl.
1879-1884. *Six* autres portraits d'homme. Médaillons pl.
1885-1888. *Quatre* dessins. Mine de plomb. (V. PORTRAITS DE L'ABBÉ DE L'ÉPÉE, P. CHARLES, PIROUX.)

Hirsch (René). Graveur.

1889. *Le Duo,* d'après Teniers. Lith.
1890-1896. *Sept* œuvres diverses dans un cadre. Gr.
1897-1899. *Quatorze* œuvres diverses. Gr. Lith. (V. PORTRAITS DE L'ABBÉ DE L'ÉPÉE, CHOPPIN, DESPERRIERS, THÉOBALD, ETC.)

Hue, n. 1820. Dessinateur lithographe.

1900. *Paysage.* Lith.
1901-1904. *Quatre* autres lithographies. (V. INSTITUTION DE PARIS.)

Huet (Aug.-Barthélemy), n. 1820. Dessinateur, sculpteur sur ivoire.

1905. *Une* lithographie.

Joigny. Graveur. (V. PORTRAITS DE L'ABBÉ DE L'ÉPÉE.)

Lambert (Léon). Graveur.

1906. *Portrait* d'après Vittori Pisano. Gr.

Le Carpentier (Louis). Peintre.

1907. *Mélancolie.* T.

Lenoir (Nicolas-Jacques-Alphonse), 1804-1887. Peintre, graveur et professeur à l'Institution de Paris.

1908. *Louis XIV.* Gr.

1909-1928. *Vingt* dessins dans un album. Souvenirs de voyage. Mine de plomb.
1929. *Tête de guerrier*. Crayon. (V. PORTRAIT DU COMTE DE MONTMORENCY.)

Levy (Sylvain). Peintre.
1930. *Iris*. Gouache.

Loustau (Léopold), 1815-1894. Peintre, élève de Léon Coignet. Médaillé du Salon.
1931. *Carnot à Wattignies*. T.
1932. *La sieste*. T. Repr. phot.
1933. *Incognito*. T. Repr. phot.
1934. *Dévouement de Mlle Cazotte*. T. Repr. gr. (V. ABBÉ SICARD.)

Mac-Grégor (Alexander). Dessinateur américain.
1935. *Illustrations* (Roman d'Ernest Abraham), 1895.

Maille (Grégoire, Frère Roch). Professeur de dessin.
1936. *Portrait de Paul Choppin*, alors élève de l'Institution de Paris. Crayon. (V. PORTRAITS DU P. DESHAYES ET DE L'ABBÉ LAVEAU.)

Martelli (Giovanni). Dessinateur italien. (V. PORTRAITS PENDOLA, MARCHIO, PELLICCIONI.)

Martin (Charles-Marie-Félix). Statuaire, élève de Loison, de Duret, de Guillaume et de Cavelier, quatre fois médaillé à l'École des Beaux-Arts, second prix de Rome en 1869, chevalier de la Légion d'honneur et d'Isabelle la Catholique.
1937. *Louis XI à Péronne*. Statue pl.
1938. *Chasse au nègre*. Groupe pl.
1939. *Mort de Cléopâtre*. Statue pl.
1940. *Orphée et Eurydice*. Groupe pl.
1941. *Un saltimbanque*. Statue pl.
1942. *César au passage du Rubicon*. Statue équestre. Pl.
1943. *Callot*. Statue pl.
1944. *Ulysse*. Statue pl.
1945. *Romulus*. Statue pl.
1946. *La Jeunesse et la Mort*. Groupe pl.

1947. *Le docteur Dolbeau.* Buste pl.
1948. *Tombeau du cardinal Mathieu.* Esquisse pl.
1949. *Étienne Dolet.* Esquisse pl.
1950. *Le peintre Camille Muller.* Buste pl.
1951. *Sénart.* Buste pl.
1952. *Le père de l'auteur.* Buste pl.
1953. *L'habit ne fait pas le moine.* Statuette pl.
1954. *Enfant.* Buste pl.
1955. *Étienne Dolet.* Maquette.
1956. *Étienne Dolet.* Autre maquette.
1957. *Louis XI à Péronne.* Maquette.
1958. *Le grand Ferré.* Statue br. Repr. phot.
1959. *Picard.* Buste marbre. Repr. phot. (V. MAISON DE L'ABBÉ DE L'ÉPÉE, PORTRAITS DE L'ABBÉ DE L'ÉPÉE, SICARD, BERTHIER, THÉOBALD, SAINT FRANÇOIS DE SALES.)

Martin (François), de Marseille, prêtre. Dessinateur.

1960. *Portrait de M. Morillon,* peintre. Crayon.
1961. *Portrait d'homme.* Crayon.

Miaulet (William). Peintre.

1962. *Portrait de M. E. Née.* Gr.

Navarrette (Fernandez) dit EL MUDO, 1526-1579. Peintre de Philippe II d'Espagne.

1963. *Le Baptême du Christ* (Musée du Prado à Madrid). Repr. phot.

Parot (Ulysse-Edmond), 1823-1893. Dessinateur, directeur de l'Institution de Nîmes.

1964-1966. *Trois* marines. Lith.
1967-1973. *Sept* lithographies, sujets divers.

Pepin (François-Isidore), n. 1826. Dessinateur lith.

1974. *Vue de ville.* Lith.
1975-1986. *Douze* lithographies, sujets divers. (V. INSTITUTION DE PARIS.)

Pétraud, 1810-1880. Peintre.

1987. *Portrait de Louis XVI.* Miniature.
1988. *Portrait de Marie-Antoinette.* Miniature.
1989. *Portrait de l'auteur en costume arménien.* Miniature.

Peyson (Frédéric), 1807-1877. Peintre, élève de Coignet, Hersent et Ingres.

1990. *La Vierge au donateur*, d'après Van Dyck. T.
1991. *Étude de main*. T.
1992. *Femme au pied blessé*. T.
1993. *La Toilette*. T.
1994. *Esquisse*, d'après Rubens. T.
1995. *Judith et Holopherne*. Esquisse. T.
1996. *Épaminondas à Mantinée*. Esquisse. T.
1997. *Saint Louis prisonnier*. Esquisse. T.
1998. *Saint Louis prisonnier*. Dessin.
1999. *Halte dans la montagne*. Esquisse. T.
2000. *Portrait d'un jeune sauveteur*. Lith.
2001-2069. *Soixante-neuf* reproductions de toiles et dessins de Peyson. Phot. (V. PORTRAITS DE L'ABBÉ DE L'ÉPÉE.)

Princeteau (René), n. 1844. Peintre. Médailles à l'École des Beaux-Arts; mention honorable 1881, médaille de 3e classe 1883, médaille de 2e classe 1886.

2070. *Le maréchal de Mac Mahon*, portrait équestre. T. repr. par Massart. Gr.
2071. *Le même*. Repr. phot.
2072. *Foxhall*, cheval américain, par Holler, d'après Princeteau. Gr.
2073. *Retour à la ferme*. T. repr. Lith.
2074. *Le Retour*. T. repr. Gr.

Rigaut (Émile), n. 1822. Peintre.

2075-2076. *Deux toiles de genre*.

Robert (Édouard), n. vers 1800. Dessinateur lithographe, élève de Girodet.

2077. *Portrait de Voltaire*. Lith.

Robert (Mlle Fanny), n. vers 1795. Peintre, élève de Girodet.

2078. *Portrait de femme*. Lith.

Rodrigues (Albin), n. 1845. Peintre, élève de Zo, Herst et Guillemet.

2079. *Gros temps devant Biarritz*. T.

Tilden (Douglas). Statuaire américain.

2080. *Monument en l'honneur du Dr H. P. Peet.* Maquette. pl.
2081. *Un jeune acrobate.* Statuette. pl.
2082. *The Football player.* Statue. Repr. phot.
2083. *The tired boxer.* Statue. Repr. phot.
2084. *Baseball.* Statue. Repr. gr.
2085. *Indiens chasseurs d'ours.* Groupe. Repr. phot.

Tronc (Joseph), n. 1830. Peintre. (V. PORTRAIT DE L. VAÏSSE.)

Trood (William-Henry). Peintre et sculpteur anglais.

2086. *Le Dîner.* T. Repr. phot.

Varenne (Auguste). Dessinateur.

2087. *Illustrations diverses.*

Varvéris (Nestor), n. 1868. Peintre grec, élève de J.-P. Laurens.

2088 *Portrait de l'auteur.* T.
2089. *Un coin d'atelier.* T.

Wallon (Claude-Augustin), 1709-1857. Mosaïste, élève de Belloni.

2090. *Portrait de l'auteur.* Pastel.
2091. *Portrait de son père.* Pastel.
2092. *Portrait de sa tante.* Pastel.
2093. *Paysage.* Petite mosaïque.
2094. *Neptune et Amphitrite.* Dessin d'une mosaïque antique du Louvre.
2095. *Corbeille de fleurs.* Dessin d'une mosaïque.
2096. *Carton* renfermant divers dessins et études. (V. PORTRAITS DE L'ABBÉ DE L'ÉPÉE.)

Widerkehr (Joseph de), n. 1806. Peintre. (V. INSTITUTION NATIONALE DE PARIS.)

MUSÉE UNIVERSEL DES SOURDS-MUETS

LISTE DES DONATEURS

A

Alexander, peintre s.-m. américain.
Arnold (Rév. Thomas), fondateur directeur de l'Institution de Northampton (Angleterre).

B

Barbera (Dr Faustin), de Valence (Espagne).
Bélanger (Adolphe), professeur-bibliothécaire à l'Institution nationale de Paris.
Bertho (l'abbé), directeur de l'Institution de Saint-Brieuc.
Berthommier, commis à l'Institution nationale de Paris.
Bihn, marchand d'estampes à Paris
Boyer (Auguste), professeur à l'Institution nationale de Paris.
Boyer (Mlle Marie), propriétaire à Montpellier.

C

Caille (l'abbé).
Camus (Ponce), artiste peintre.
Cercle *l'Abbé de l'Épée,* de Liège (Belgique).
Chauvin, sculpteur s.-m., à Paris.

Chéron (Olivier), peintre s.-m., à Paris.
Choppin (Paul), statuaire s.-m., à Paris.
Cochefer, président de la Société d'appui fraternel des s.-m., à Paris.
Cochon (Jules), inspecteur des forêts, à Épinal.
Colas (Auguste), lithographe dessinateur s.-m., à Paris.
Colombat (de l'Isère).
Combes, professeur s.-m. à l'Institution de Bourg-lez-Namur (Belgique).
Cordier (Charles), propriétaire à Amiens.
Cornet, sculpteur s.-m., à Liège (Belgique).

D

Dassy (l'abbé Léopold), directeur de l'Institution de Marseille.
Debax, directeur de l'Institution nationale de Paris.
Delaplace (l'abbé).
Demoulin (Mme Gustave), propriétaire à Paris.
Denis (Théophile), chef de bureau honoraire au Ministère de l'intérieur.
Desmarest (Henri), photographe amateur s.-m., à Paris.
Desperriers (René), statuaire s.-m., à Paris.
Deutsch (Henri), à Paris.
Dewaide (Mme Jacques), propriétaire à Liège (Belgique).
Dresse (Robert), président du cercle *l'Abbé de l'Épée* à Liège.
Dubranle (Augustin), censeur des études à l'Institution nationale de Paris.
Dumas-Pétraud (Mme), rentière à Candéran (Gironde).
Dupont (Marius), professeur à l'Institution nationale de Paris.
Durand (Amédée), mécanicien, à Paris.

E

État (l').
Eymard (Louis), graveur-ciseleur s.-m., à Paris.

F

Fermont, marchand antiquaire, à Paris.
Fornari, directeur du Cours normal à l'Institution royale de Milan (Italie).

Fortin (Henri), peintre s.-m., à Guise.
Franclet, professeur de menuiserie à l'Institution nationale de Paris.

G

Gaillard (Henri), homme de lettres s.-m., fondateur rédacteur en chef du *Journal des sourds-muets*.
Gérard (Eugène), de Liège (Belgique).
Ginouvier (Nachor), peintre s.-m., à Montpellier.
Grandidier (Mlle Jeanne), peintre s.-m., à Metz.
Grégoire (Émile), professeur à l'Institution de Berchem-Saint-Agathe (Belgique).

H

Hamar (Fernand), statuaire s.-m., à Paris.
Hennequin (Gustave), statuaire s.-m., à Paris.
Henrion (Oscar), instituteur à Chênée (Belgique).
Hirsch (René), graveur s.-m., à Paris.
Houdin (Mme Auguste), directrice de l'Institution de Passy-Paris.

I

INSTITUTIONS DE SOURDS-MUETS

Albi (Tarn).
Auray [Chartreuse d'] (Morbihan).
Bergame (Italie).
Besançon (Pelousey près); filles.
Besançon (Saint-Claude); garçons.
Bologne (Italie).
Bordeaux (Institution nationale).
Bourg (Ain); filles.
Bourg (Ain); garçons.
Bourg-la-Reine (Seine).
Bruges (Belgique).
Caen (Calvados).
Currière (Isère).

Fennern (Russie).
Gênes (Italie).
Gramat (Lot).
Groningue (Hollande).
Laon (Aisne).
Lille [Ronchin, près] (Nord); filles.
Lille (Nord); garçons.
Lyon-Villeurbanne (Rhône).
Milan (Italie); Institut royal.
Milan (Italie); s.-m. pauvres de la Campagne.
Montpellier (Hérault).
Nancy (La Malgrange près).
Nantes (Loire-Inférieure).
Nogent-le-Rotrou (Eure-et-Loir).
Northampton (Angleterre).
Orléans (Loiret); filles.
Orléans [Saint-Jean-de-la-Ruelle] (Loiret); garçons.
Philadelphie (États-Unis).
Poitiers (Larnay près).
Pont-l'Abbé-Picauville (Finistère).
Rillé-Fougères (Ille-et-Vilaine).
Saint-Brieuc (Côtes-du-Nord).
Saint-Étienne (Loire); garçons.
Saint-Hippolyte-du-Fort (Gard).
Sienne (Italie).
Tarbes (Hautes-Pyrénées).
Tokio (Japon).
Turin (Italie).
Valence (Espagne).
Woluwe-Saint-Lambert (Belgique).
Zurich (Suisse).

J

Javal (Alfred), Paris.
Javal (Ernest), directeur honoraire de l'Institution nationale de Paris.

L

Labarrère, notaire à Saint-Sever (Landes).

Larrouy (Mlle), directrice de l'Institution d'Oloron.
Le Carpentier (Louis), peintre s.-m., à Paris.
Legrand, professeur à l'Institution nationale de Paris.
Lévy (Sylvain), dessinateur s.-m., à Paris.
Lhôte (Amédée), rentier à Châlons-sur-Marne.
Lobo (Dr Luiz), directeur de l'Institution de Porto (Portugal).
Loustau (Léopold), peintre s.-m.

M

Martin (Félix), statuaire s.-m., à Paris.
Mercier (Émile), président de l'Association amicale des sourds-muets de la Champagne.
Ministre du Japon, à Paris.
Morillon, cocher, à Paris.

N

Narcisse (Frère), de l'Institut de Saint-Gabriel.

O

Osgood (Édouard-Louis), de Boston (États-Unis).

P

Pendola (Le P.), directeur de l'Institution de Sienne (Italie).
Pereire (Isaac et Émile).
Pereire (Eugène).
Peyson (Frédéric), peintre s.-m., de Montpellier.
Pierache (Jules), rentier, à Levallois.
Princeteau (René), peintre s.-m.

R

Rattel (Dr), à Paris.
Renz (Mme Karl), de Stuttgart.
Richer (Jean), de Paris.
Rigaut (Émile), peintre s.-m., à La Fère.

Rivière (Mme veuve), à Paris.
Roch (Maille, Frère), de l'Institut de Saint-Gabriel, dessinateur s.-m.
Rodrigues (Albin), peintre s.-m., à Paris.
Ronquillo (Valls y), directeur de l'Institution de Barcelone (Espagne).
Rouet (Frédéric), de Lesparre (Gironde).

S

Scuri (E.), directeur de l'Institution de Naples (Italie).

T

Théobald (Mme veuve), à Paris.
Tilden (Douglas), statuaire s.-m. américain.
Trépanier (l'abbé), aumônier de l'Institution de Montréal.

V

Valade (Remi), censeur des études à l'Institution nationale de Paris.
Van der Wielen (Mme), de Vielsolm (Belgique).
Varvéris, peintre s.-m. grec.
Vathaire, professeur à l'Institution nationale de Paris.
Violet-Piroux (Mme), de Nancy.
Vivien (Joseph), professeur à l'Institution nationale de Paris.
Volta-Bureau (Graham Beel, fondateur), Washington (États-Unis).

W

Warnery, photographe à Elbeuf (Seine-Inférieure).

FIN DU CATALOGUE DU MUSÉE UNIVERSEL.

TABLE DES MATIÈRES

DE LA NOTICE SUR L'INSTITUTION NATIONALE

FIN DE LA TABLE DE LA NOTICE.

TABLE DES MATIÈRES

DU CATALOGUE DU MUSÉE UNIVERSEL

FIN DE LA TABLE DU CATALOGUE.

TYPOGRAPHIE DE L'INSTITUTION NATIONALE, DIRIGÉE PAR MM. PLON-NOURRIT ET Cie.

Documents manquants (pages, cahiers...)

NF Z 43-120-13

www.ingramcontent.com/pod-product-compliance
Lightning Source LLC
Chambersburg PA
CBHW072101080426
42733CB00010B/2181
* 9 7 8 2 0 1 2 7 5 3 9 5 2 *